JN099131

定評ある「会社の計算入門書」が待望の復活！

目から ウロコ！

これが
増減資・
組織再編
の計算だ！ 新訂版

司法書士 金子登志雄　公認会計士・税理士 有田賢臣 [著]

中央経済社

再刊（新訂版）はしがき

　有田　計算を知らずして会社法を語る勿れ！の本書は絶版かと思っていましたが，再刊することにしたのですか。

　金子　はい。売れ行き好調の『事例で学ぶ会社法実務』の共著者に姉妹書の『事例で学ぶ会社の計算実務』は計算関係のためか芳しくないと話したところ，名著なのにと大層びっくりされ，彼のＸ（旧ツイッター）で宣伝してくれましたが，同時に，ちょうど司法書士試験の合格発表時期でもあったためか，これから実務に入る方にとっては，『目からウロコ！　これが増減資・組織再編の計算だ！』のほうがとっつきやすいと，本書の復刻を要請されました。そこで，出版社に調べてもらったところ，なんと本書は計算関係にもかかわらず，過去に改訂されただけでなく数度も増刷されていました。

　有田　なのに，なぜ，絶版になったのですか。

　金子　10年以上も前のことで，うろ覚えですが，たぶん，本書は題名からして法令改正後の短期間の啓蒙書のつもりだったため役割が終えたという思いと，後発の『事例で学ぶ』のほうが難解な会社計算規則の解読を中心にした詳しい内容で常備する本として，その販売に力を注ごうと思ったのでしょう。毎年，会社の計算につき知りたい新しい読者が登場してくることまでは考えませんでした。

　有田　そこで，再刊させようという気になったわけですね。

　金子　はい。直接には拙著の熱心な読者でもある共著者らからのＸでの要請に応えようと思ったためですが，私自身も，改めて見直したところ，**本書は対話調の話し言葉で，かつ難解な条文を表に出していないため，ずっと分かりやすいことに気づきました。**

　有田　なるほど。実務のニーズは，難解な会社計算規則の解読よりも，そもそも会社の計算とはどういうことかのほうにあったということですね。それは公認会計士や税理士にもいえます。街の会計事務所は適格合併かどうかなどの税務問題のほうに関心が向いており，難解な会社計算規則の確認にまで手が回りません。

　金子　会社法の下で増減資や組織再編などの企業法務に従事する司法書士や弁護士にとっては，計算の理解が必須です。

　有田　会社の計算について専門外の方にも分かるように解説することのできる人材は限られていますし，毎年，司法書士・弁護士・公認会計士・税理士が新たに誕生しているわけですから，分かりやすい本書のニーズはまだまだあると思います。ただし，私担当の税務部分は頻繁に変更されますので，本書は出版時点の内容であることをお断りしておきます。

　金子　再刊に際し，改正された条文番号を直す程度で，いまでも十分に通じる内容でしたので，新たに株式交付と債権者異議申述公告の解説を追加しておきました。昔の名前のままの再デビューですが，これから会社の計算を勉強しようとする方々に温かく迎え入れてもらえれば，本書もまたお役に立てるのかと無事に生還できたことを喜ぶことでしょう。

　2024年1月吉日

著　者　　　司法書士　金子登志雄

公認会計士・税理士　有田　賢臣

第2版 はしがき

　計算を知らずして会社法を語る勿れ！

　難解な会社計算規則が大幅に改正され，平成21年4月から施行されました。実質的改正内容としては，周知のとおり，利益の資本組入れが復活したことと，組織再編の会計処理の1つである持分プーリング法が廃止されたことでした。

　それよりも形式面での改正のほうが，われわれ実務家には，大きい問題でした。何と，条文内容及び条文数が大幅に簡素化されて，条文番号までが変更されてしまいました。合併規定として馴染んだ会社計算規則第58条は，いまは第35条です。第58条までに，23個の条文が削除されたということです。これには，まいりました。せっかく売れ行きが順調だった本書にも，多くの読者から改訂の要望が寄せられました。

　改正のメリットとしては，日本語とは思えないほど難解だった旧・会社計算規則の条文内容が簡素化され，読みやすくなったことですが，デメリットとしては，簡素化されすぎて，組織再編における株主資本の変動額の計算過程も，親子間合併に関する会計処理も，新規則の条文には見当たらなくなったことです。

　したがって，かえってわかりにくくなった部分も少なくありませんので，新・会社計算規則で理解困難な部分が生じましたら，旧・会社計算規則の条文を読み直してみるのも非常に重要だといえましょう。

　さて，本文の見出しである「計算を知らずして会社法を語る勿れ！」ですが，旧商法時代に比し，会社法の理解には，会社の計算が非常に重要な位置付けを占めるようになりました。

　剰余金の資本組入れでも，現在進行中の利益をなぜ資本組入れしては

いけないのか，自己株式の消却の相手科目をその他利益剰余金にしては
いけない理由は何か，減資しただけで欠損てん補したことにならないの
か，債務超過会社を吸収合併したときに貸借対照表はどう変化するのか
などなどを十分に理解していないと，会社法の業務（株主総会の運営や
商業登記）にも影響するようになりました。

　にもかかわらず，会社の計算の解説書やセミナーは極めて少ない状況
であり，十分に会社法の意図が浸透しているとはいいがたい状況です。

　読者の皆様には幸いといえるのか，著者の1人である金子は会計の専
門家ではありません。悪戦苦闘のうえ，何とか会社計算規則の条文を読
みこなせるようになった司法書士にすぎません。したがって，専門家の
解説よりは，わかりやすい内容で，説明できたと自負しております。

　ぜひ，本書によって，苦手な会社の計算を克服し，会社法の理解を飛
躍的に高めていただきたいものです。

平成21年8月吉日

司法書士　金子登志雄著

公認会計士
税理士　有田　賢臣著

はじめに

　計算を知らずして会社法を語る勿れ！

　旧商法時代と相違し，会社法（とくに増減資や組織再編）の理解には，計算の基本的知識が不可欠になりました。会社の資本金等をどう決めるかというルールを知らずして，日常の業務さえこなせません。にもかかわらず，肝心の計算に関する法務省令である「会社計算規則」は日本語とは思えないほど難解です。

　これでは司法書士や会計事務所の業務にも支障が生じますので，会社計算規則の条文を最初から「読める・わかる」本として，われわれは，平成19年11月に，『目からウロコ！ これが計算規則だ 株主資本だ』を中央経済社から上梓いたしました。

　幸いにも，読者からは「あの難解な計算規則がはじめてわかった」などという高い評価を賜っておりますが，反面で，「まだ理解できない。もう一段レベルを下げた本がほしい」などといった感想もいただいております。

　後者のご意見をわれわれなりに分析したところ，会社計算規則の理解以前に，増減資や組織再編を身近に感じていただけなかったことが最大の原因のようでした。また，同書の出版目的が「難解な条文の解読」でしたから，馴染みの薄い「のれん」や，稀有の事例である新設合併等の計算についてもふれざるをえず，読者が会社の計算を身近に感じてくれなかったようでした。

　そこで，本書は，「もう一段レベルを下げた本」というニーズにお応えすべく，お隣の会社の増減資や合併再編事例をターゲットにし，「なんだ，こんなことか。少しもむずかしくないじゃないか」と思っていた

だける実務の入門書を目指しました。「のれん」も刺身のつま程度にし
か取り上げておりませんし，弁護士や司法書士に心理的抵抗がある仕訳
（しわけ）での説明も排除しました。

　特異な例を除けば，実務に必要な計算知識はそれほど多くありません。
現に日常的に必要な計算の知識だけを説明しておりましたら，160頁強
で書き終わってしまい，残りは，周辺知識として必要な税務等の基本知
識の紹介にいたしました。

　ぜひ，本書によって，計算や税務の基本的実務知識を身に付け，日常
業務に役立ててほしいと思っております。そして，さらに飛躍したい方
は，本書の姉妹書である『これが計算規則だ　株主資本だ』で会社計算規
則をマスターし，さらに余力のある方は，われわれの手による『組織再
編の手続』（平成19年7月刊）や『よくわかる自己株式の実務処理 Q&A』
（平成19年11月刊）に進んでいただけましたら幸いです。

　平成20年5月吉日

司法書士　金子登志雄著
公認会計士
税理士　　有田　賢臣著

目　　次

第1話　増資と自己株式の計算から

第４話　兄弟（非完全子会社間）合併の計算

第5話　完全子会社間＆数社間合併の計算

第6話　子会社が完全親会社を吸収合併

第7話　親会社が子会社を吸収合併

第8話　会社分割の計算

第9話　株式交換・株式移転・株式交付の計算

第10話　知って得する計算の周辺知識

第11話　付録（債権者保護公告の必要知識）

増資と自己株式の計算から

1 新株の発行と株主資本の変化

1 まずは新株の発行から

金子 やさしい新株発行の計算からはじめましょう。やさしすぎるかもしれませんが，導入部分ですから，我慢していただきましょう。

有田 会社法では，募集株式の発行といいますね。

金子 次の貸借対照表を有する甲社で説明します。貸借対照表は，資産と負債とその差額である純資産で構成されています（詳細は24頁以下を参照）。その純資産の内容は，次のとおりだったとします。

【甲社の貸借対照表】 （単位：万円）

	負　債	
資　産	純資産	

株主資本	7400
資本金	5000
資本剰余金	5000
資本準備金	5000
その他資本剰余金	－
利益剰余金	△2000
利益準備金	200
その他利益剰余金	△2200
自己株式	△600

★注：発行済株式の総数は1000株，発行可能株式総数は4000株とする。

有田 単位が「万円」なんですか。普通は，千円か，百万円ですよ。

金子 いいのです。私を含め，司法書士や弁護士のような法曹関係の人間は，単位が万円でないと，すぐに金額を読み取れないのです。500千円が50万円だと気づくのに，０点何秒もかかるのですから。

有田 重症ですね。

金子 そんなことをいうなら，999,999,999,999円を読んでください。

有田 えーと。

　金子　ほら，同じじゃないですか。これが，9999億9999万9999円とあれば，私でも読めます。日本語では，「千百十一」と4桁で区切るのです。商業登記簿も，万と億は漢字で，数字にカンマを使いません。

　有田　仕方ないですね。法務の慣例に従いましょう。カンマも省略しましょう。

2　新株発行では資本金と資本準備金が増える

　金子　早速ですが，甲社において，下記のとおり，1株10万円で100株，合計で1000万円を募集したとしましょう。甲社の株主資本のどこが変化しますか。

記

(1)　募集株式の数　　　　　当会社普通株式100株
(2)　募集株式の払込金額　　1株につき金10万円
(3)　払込期間　　　　　　　令和○年○月○日まで
(4)　増加する資本金及び資本準備金に関する事項
　　①　増加する資本金　　　金500万円
　　②　増加する資本準備金　金500万円

　有田　答えるまでもないことです。資本金の額が500万円，資本準備金の額が500万円増えると書いてあるじゃないですか。

　金子　上記の(4)の②を「増加する利益準備金／金500万円」，あるいは，「増加するその他利益剰余金／金500万円」などと変更しても構いませんか。

　有田　無理です。出資というのは会社の運営の元手として資本勘定になるものであって，営業取引によって生じた利益とは性格が異なります。そのような考え方は，**資本**（**資本金・資本準備金・その他資本剰余金**）と**利**

4

益（利益準備金・その他利益剰余金）を混同するものです。

　金子　おっしゃるとおりですので，撤回しますが，では，「増加するその他資本剰余金／金500万円」という記載なら許されますか。

　有田　許されません。<u>その他資本剰余金というのは，減資差益（資本金の額を減少した減少額の余り）などで構成されるもの</u>ですが，新株の発行では，全額を資本金と資本準備金にしなければなりません。会社法第445条第1項から第3項までであり，下記のとおりです。

記

（資本金の額及び準備金の額）

　会社法第445条　株式会社の資本金の額は，この法律に別段の定め
　　がある場合を除き，設立又は株式の発行に際して株主となる者が
　　当該株式会社に対して払込み又は給付をした財産の額とする。
　②　前項の払込み又は給付に係る額の2分の1を超えない額は，
　　資本金として計上しないことができる。
　③　前項の規定により資本金として計上しないこととした額は，
　　資本準備金として計上しなければならない。

　金子　払込みをした金1000万円の全額を資本金の額にしてもよいわけですね。

　有田　はい。それが原則です（1項）。会社を大きくみせるには全額とも資本金に計上するのが一般的です。

　金子　金1000万円中の999万円を資本金にし，1万円だけ資本準備金にしても構いませんか。

　有田　条文どおりです。半分以上を資本金にすればよいわけですから，何ら問題ありません。資本準備金は，0円から500万円の間で自由に設定できます。

　金子　資本準備金のほうからいうと，第2項に「2分の1を超えない額」を資本準備金に計上することができるといういうことで，現実にも資本金は取り崩すのには手間がかかるため，資本金と資本準備金を半々にすることが多く，本件では，次のとおりです。

【新株発行では資本金と資本準備金が増える】

株主資本		
資本金 * ←	* 出資金1000万円	★注：当然ながら，資本準備金とその他資本剰余金の合計額である資本剰余金や総合計の株主資本額も増えます。
資本剰余金		
資本準備金 * ←		
その他資本剰余金		
利益剰余金		
利益準備金		
その他利益剰余金		
自己株式		

↓

（単位：万円）

株主資本	7400		*8400
資本金	5000	+500	**5500
資本剰余金	5000		*5500
資本準備金	5000	+500	**5500
その他資本剰余金	－		－
利益剰余金	△2000		△2000
利益準備金	200		200
その他利益剰余金	△2200		△2200
自己株式	△600		△600

★注：**は新株発行で直接増加したもの。*は，その結果として増加したものです。以下，記載のない場合も同じです。

　有田　ご指摘のとおり，会社法第445条第1項の「株主となる者が当該株式会社に対して払込み又は給付をした財産の額」が資本金計上額の上限となるわけですが，別の言い方をすると，この財産の額は「資本金及び資本準備金」の合計額であり，これを会社計算規則第13条第1項により「**資本金等増加限度額**」といいます。「等」は資本準備金です。

　金子　そういう特殊用語を使うので会社の計算に対する勉強意欲を失う方が多いのですが，イギリスに行ったら英語を使わざるを得ないのと同様に，会社法実務の世界を訪問したら，こういう用語に慣れないといけませんが，資本金と資本準備金への計上額のことだと覚えておけばよいわけですね。

　有田　そういうことです。

　金子　なお，簿価債務超過事業を簿価で出資し負の出資になった場合で（計算規則14条1項2号イ・ロ），新株を発行したときは，その他利益剰余金が減少します（計算規則14条2項2号）。資本性科目（資本金・資本準備金・その他資本剰余金）にはマイナスが考えられないため，政策的措置と思いますが，このような例外的ケースは本書では触れません。このように例外はありますが，とりあえずは，本書の導入部分として，「新株発行では資本金と資本準備金が増える」と覚えてください。

　最後に補足ですが，前記の「(4)増加する資本金及び資本準備金に関する事項」については，増加する資本金額等の額を問題にしたいため，総額表記にしましたが，募集株式の全部が引き受けられるとは限らないので，「会社計算規則第14条第1項の資本金等増加限度額に0.5を乗じた額（端数は切り上げる）を資本金の額の増加額とし，その余りを資本準備金の額に計上する」といった記載をお勧めします。

② 自己株式処分と株主資本の変化

1　募集株式の発行「等」

金子　続いて，自己株式処分に移ります。会社法第199条第1項に「株式会社は，その発行する株式又はその処分する自己株式を引き受ける者の募集をしようとするときは」とあるとおり，自己株式の処分は新株の発行と同様に「募集株式の発行等」の1つとされました。

有田　募集株式の「発行」というときは新株式の発行ですが，募集株式の「発行等」というときは，自己株式の処分も含むわけですね。

金子　そのとおりです。出資者の立場からみれば，新札でもらうか，旧札でもらうかの差でしかなく，出資先の株式会社の株主になることに変わりがありません。

2　自己株式処分差損益はその他資本剰余金の増減

有田　新札も旧札も変わらないのであれば，自己株式を処分すると資本金が増えるのですか。そんなことはあり得ませんよね。

金子　新札時代に資本金を計上していますから，自己株式の処分で再度資本金が増えるということはありません。

有田　順にいうと，

「新株発行時に資本金を増やした」

→「自己株式取得で資本を払い戻したのも同じだが資本金は減らない」

→「だから，再交付しても資本金は増えない」

という論理ですね。

金子　はい。しかし，自己株式を会社が有償で取得すると，資本金や資本準備金は減少しませんが，貸借対照表の純資産額が減少します。本

書2頁の甲社貸借対照表の株主資本には,「自己株式△600万円」とあり
ますが,これは自己株式を600万円で取得したという意味です。

　有田　現金での取得なら,貸借対照表の左側である借方（かりかた）
の資産から現金が600万円減少し,右側の貸方（かしかた）では,純資産
の部に「自己株式△600万円」と記載されるわけですね。

　金子　そのとおりです。そうでないとバランスがあいません。

　この関係は,一見,分かりにくいのですが,現金で自己株式を購入し
たので,本来であれば,資産の部に自己株式を計上すべきところ,自己
株式の計上場所は純資産の部だから,貸借対照表の右側に移動させたと
考えればよいでしょう。

【現金で自己株式を取得】

資産の部の変化		自己株式を貸借対照表の右側に移動 →	純資産の部	
現金	600			
↓				
自己株式	600		自己株式	△600

　有田　等式（左辺＝右辺）の左側から右側に移動（移項）させたので,
プラスがマイナスに変化するという中学時代の数学の論理ですね。

　金子　はい。そのように考えると,分かりやすいですね。

　さて,「自己株式△600万円」とは,1株を6万円で100株取得したも
のだとしましょう。これを1株10万円で処分し,1000万円を甲社が取得
したとするとどうなるでしょうか。

　分かりやすくいうと,600万円で仕入れたものを1000万円で売却した
場合です。

　有田　当然ながら,「自己株式△600万円」は,「自己株式0円」に変
化します（計算規則24条2項）。

　金子　それは,「自己株式△600万円＋600万円」という意味ですから,

まだ1000万円から600万円を控除した400万円が残っています。

　有田　そういうのは，**自己株式処分差益**といいますね。「差益」なんていうと，とっつきにくく感じる方も多いようですが，要するに，600万円で仕入れたものを1000万円で売却した場合の「儲け」です。収入1000万円から支出600万円を引いた残りです。

　差益の400万円は，その他資本剰余金に計上されます。会社計算規則第14条第2項第1号です。

　金子　そのとおりですね。会社計算規則第14条の読み込みは非常にむずかしいので，さらに勉強したい方には，われわれの『事例で学ぶ会社の計算実務』（中央経済社刊）の該当頁以下をみていただくことにして，結論からいうと，自己株式処分差益（自己株式対価額−自己株式の帳簿価額）は，その他資本剰余金に計上されるということです。自己株式対価額とは，自己株式処分割合の出資額のことです（計算規則14条3項）。

　有田　そこでいう「自己株式の帳簿価額」とは，600万円のことであり，△600万円ではないことに注意してほしいですね。単に，自己株式の帳簿価額を純資産の控除項目としているため，△印がついているだけですから。

　金子　続いて，「自己株式△600万円」とは，1株を12万円で50株を取得したものだとしましょう。これを1株10万円で処分し，500万円を甲社が取得したとするとどうなるでしょうか。

　有田　今度は，600万円で仕入れたものを500万円で売却する場合ですね。収入が500万円で，支出が600万円ですから，先ほどの逆であり，自己株式処分「差損」としての100万円をその他資本剰余金から減少させます。

　金子　「自己株式△100万円」とならないのですか。

　有田　思わず，「そうかな」といいたくなる質問ですね。

金子　でしょう。

有田　しかし，自己株式全部が処分されたわけですから，自己株式の計上額はゼロ円となり，金額が残ることはありません（計算規則24条2項）。申し上げたとおり，自己株式処分差益の逆で，差損の100万円は，その他資本剰余金から減少させます。

【自己株式処分差損益はその他資本剰余金の増減】

株主資本			
資本金			
資本剰余金			
資本準備金			
その他資本剰余金*			
利益剰余金			
利益準備金			
その他利益剰余金			
自己株式*			

★注：自己株式の帳簿価額が600万円とすると，差額の自己株式処分差損はその他資本剰余金が減少する。

差益が生じるときは，その他資本剰余金が増加する。

↓

（単位：万円）

株主資本	7400		*7900
資本金	5000		5000
資本剰余金	5000		*4900
資本準備金	5000		5000
その他資本剰余金*	−	△100	**△100
利益剰余金	△2000		△2000
利益準備金	200		200
その他利益剰余金	△2200		△2200
自己株式*	△600	＋600	**−

★注：**は自己株式処分で直接変化したもの。*は，その結果として変動したものです。

有田　ただ，ここで注意していただきたいことが2点あります。

金子　第1の注意点は，自己株式処分差損が発生しても，純資産額あるいは株主資本額が増えている点ですね。

有田　念のため説明してください。

金子　簡単ですよ。600万円で仕入れたものを500万円で売って差損が生じたとしても，会計上は株主資本の中で「△600が△100になった」ということですから，500万円の増加です。

あるいは，その他資本剰余金と自己株式を一体のものと考えて，その合計額がどうなるかを意識するとよいですね。ここでは，その他資本剰余金 0 円と自己株式△600の合計額△600が△100になったわけですから，合計額は増加しました。

有田　そのように，法務関係の方々にも，貸借対照表を頭の中で，ここがこうなって，あそこがこうなるという会計上のバランスを計算していただきたいですね。

金子　頭の中では無理です。メモ用紙に絵を書きながら，というべきです。会計士さんと相違し，法務人間は，貸借対照表を日常的に使いこなしているわけではないのですから。

有田　それは失礼いたしました。第 2 の注意点に移ってください。

金子　第 2 の注意点は，会社計算規則のどこにも書いてありませんが，ぜひ常識で考えてほしいと思います。その他資本剰余金が△100と計上されている点です。

有田　この場合の常識とは，出資金を原資とする性格のその他資本剰余金という資本性科目がマイナスになるなんてあり得ないのではないかという疑問ですね。

金子　はい。

有田　極めて正当な疑問であり，会計基準（自己株式及び準備金の額の減少等に関する会計基準）では，その他資本剰余金が暫定的にマイナスであることは認めますが，事業年度末（決算日）の貸借対照表での計上では認めていません。

暫定的にマイナスでも，その期中に資本金や資本準備金の額の減少で

もなされれば，その他資本剰余金が増えますし，それでも最後までマイナスが残ったら，これを貸借対照表に計上するわけにはいきませんので，その他利益剰余金に振り替えることになります。

【「負」のその他資本剰余金は最後に調整される】 （単位：万円）

株主資本	7900		7900
資本金	5000		5000
資本剰余金	4900		*5000
資本準備金	5000		5000
その他資本剰余金	△100		**0
利益剰余金	△2000		*△2100
利益準備金	200		200
その他利益剰余金	△2200		**△2300
自己株式	－		－

★注：**は振替えで直接変化したもの。*は，その結果として変動したものです。

　金子　事業年度の途中，すなわち期中の半期決算や四半期決算の場合の貸借対照表でも同じですか。

　有田　同じです。その場合の貸借対照表は確定した決算ではありませんが，外部に示す貸借対照表で資本勘定（資本金・資本準備金・その他資本剰余金）をマイナスで示すのは不都合ですから，調整した形で示すだけです。

③　新株発行と自己株式処分の併存

1　新株発行と自己株式処分「差益」の併存

金子　めったにないことですが，必要により，新株発行の機会に，同時に自己株式を処分することもあります。

有田　「第1号議案／募集株式の発行の件」，「第2号議案／自己株式の処分の件」とするのですか。

金子　新株も旧株たる自己株式も同種類の株式である限り，議案を分ける必要はありません。募集事項の募集株式の数として，新株式が何株で自己株式が何株などと書く必要もありません。

　もっとも，あえて議案を分けた場合にも，払込期日が同じ日であれば議案を分けない場合と同視することは可能です。ただし，一般的には，それぞれ別の株式募集行為と解釈される可能性が高いでしょう。いま問題にしているのは，議案を分けずに株式を募集した場合（同視された場合を含む）に資本金等の計上額がどうなるかという話です。

　さて，本書2頁の甲社において，「自己株式△600万円」とは，1株を6万円で100株取得したものだとしましょう。これを1株10万円で処分すると，合計で自己株式処分差益が400万円（1株あたりの差益4万円×100株）生じますが，新株式も同時に100株発行し，合計200株で，2000万円を資金調達したとするとどうなるでしょうか。下記の場合です（募集株式の数の内訳は必要的記載事項ではない）。

記

(1)　募集株式の数　　　　当会社普通株式　200株
　　　　　　　　（内訳：新株式100株，自己株式100株）

(2) 募集株式の払込金額　1株につき金10万円

有田　これは簡単ですね。

新株式発行分　　　　1000万円→資本金・資本準備金に計上

　自己株式処分差益　　400万円→その他資本剰余金に計上　　ですね。

金子　これを会社計算規則第14条第1項では，出資額2000万円中，(新)株式発行割合50％の1000万円が**資本金等増加限度額**（資本金と資本準備金に計上できる額の上限）であり，自己株式処分割合50％の1000万円はその差益分（帳簿価額600万円控除分）たる400万円がその他資本剰余金になると規定しています。第1項第4号の自己株式処分差損は差益が生じた際は計算外になります。

有田　新株式は新株式，自己株式は自己株式と個別に考えた場合と結論は一致しますね。

2　新株発行と自己株式処分「差損」の併存

金子　続いて，「自己株式△600万円」とは，1株を12万円で50株を取得したものだとしましょう。これを1株10万円で処分すると，自己株式処分差損が合計で100万円（1株あたりの差損2万円×50株）生じますが，同時に新株式50株を発行し，合計100株で1000万円を甲社が資金調達したとするとどうなるでしょうか。下記の場合です（募集株式の数の内訳は必要的記載事項ではない）。

記

(1) 募集株式の数　　　　当会社普通株式　100株
　　　　　　　　　（内訳：新株式50株，自己株式50株）

(2) 募集株式の払込金額　1株につき金10万円

有田　分析的に考えると，

　新株式発行分　　　500万円→資本金・資本準備金に計上

　自己株式処分差損　100万円→その他資本剰余金に△100万円と計上
ですね。

金子　分析的にはそのとおりですが，1つの株式募集行為で，一方は黒字になり，他方は赤字になるというのは適当ではありません。

有田　そこで，会社計算規則第14条は，資本金に計上する前に差し引き計算し，合計で400万円が資本金等増加限度額（資本金と資本準備金に計上できる額の上限）になるとしたわけですね。

金子　はい。収入1000万円，支出600万円，合計の儲けは400万円と考えたのでしょう（ちなみに，1株5万円では，収入500万円，支出600万円で損失となり，その他資本剰余金が100万円減少します）。

有田　なるほど。「出と入り」の単純な計算をすると，400万円しか純収入がないのに，資本金・資本準備金に500万円というのは，おかしいじゃないかという気になりますね。

3　資本金の額の計上に関する証明書

有田　400万円が資本金等増加限度額ですから，この2分の1以上を資本金の額に計上すればよいわけですね。

金子　はい。200万円でも300万円でも400万円でも構いませんが，資本金に計上し，残りがあったら資本準備金になります。

有田　仮に，募集株式の発行等の内容として，

　増加する資本金及び資本準備金に関する事項

　　　①　増加する資本金　　　金200万円

　　　②　増加する資本準備金　金200万円

と書いたとしても，新株発行と自己株式処分が併存した場合には，この

数値がほんとに正しいのか分かりませんよね。

　金子　だから，その証明に登記申請の添付書面として，資本金計上証明書が必要です。商業登記規則第61条第9項に「資本金の額の増加による変更の登記の申請書には，資本金の額が会社法及び会社計算規則の規定に従って計上されたことを証する書面を添付しなければならない」とあります。

　法務局のホームページの書式例によると，本件では，次のようになります。

【資本金の額の計上に関する証明書】

資本金の額の計上に関する証明書

① 払込みを受けた金銭の額（会社計算規則第14条第1項第1号）
　　　　　　　　　　　　　　　　　　　　　　　金1000万円
② 給付を受けた金銭以外の財産の給付があった日における当該財産の価額
　（会社計算規則第14条第1項第2号）　　　　　　金0円
③ ①＋②　　　　　　　　　　　　　　　　　　金1000万円
④ 株式発行割合

$$\frac{発行する株式の数50株}{発行する株式の数50株＋処分する自己株式の数50株}＝50\%$$

⑤ ③×④　　　　　　　　　　　　　　　　　　金500万円
⑥ 自己株式処分差損（会社計算規則第14条第1項第4号）
　　　　　　　　　　　　　　　　　　　　　　　金100万円
⑦ 資本金等増加限度額（⑤－⑥）　　　　　　　金400万円

　募集株式の発行により増加する資本金の額200万円は，会社法第445条及び会社計算規則第14条の規定に従って計上されたことに相違ないことを証明する。(注)

　令和○年○月○日

　　　　　　　　　　　　　　　　○県○市○町○丁目○番○号
　　　　　　　　　　　　　　　　　○○株式会社
　　　　　　　　　　　　　　　　　　代表取締役　　○○　○○

(注)　資本金等増加限度額（⑦の額）の2分の1を超えない額を資本金として計上しないこととした場合は，その旨を上記証明書に記載するとともに，募集事項に定めがあるときを除き，その額を決定したことを証する取締役会議事録等の添付を要する。

4　資本金計上証明書の書き方

1　自己株式処分では不要

　有田　資本金の計上証明書というのは，自己株式の処分のみの場合でも必要なのですか。

　金子　必要ありません。商業登記規則第61条第9項には，「<u>資本金の額の増加による変更の登記</u>の申請書には，資本金の額が会社法及び会社計算規則の規定に従って計上されたことを証する書面を添付しなければならない」とあり，資本金の額が増加しないときは不要です。

　これは，合併等の組織再編でも同じです。いくらなんでも，ゼロ円増えたという考え方まではしません。こんな考え方をしたら，資本金の額の減少ですら，マイナス額の増加ということになってしまいます。

2　新株発行のときの記載法

　有田　では，資本金がプラス方向に増加するとき必要だとしても，先ほどの法務局の記載例はむずかしそうですね。

　金子　新株発行と自己株式処分が併存すると，（新）株式発行割合がどうのこうのというむずかしい問題になりますが，現実の実務では，新株は新株として発行し，自己株式は自己株式として処分しますから，前者のときだけ必要だと思って差し支えありません。

　有田　そもそも自己株式を保有している会社自体が現状では少ないですからね。

　金子　何をいうのですか。名著『よくわかる自己株式の実務処理Q&A』（中央経済社刊）のメイン著者がそんなことをいったら，売れ行きに響きますよ。

有田　失言でした。要は，現実の増資は，株式発行割合が100％ということですね。

金子　はい。ですから，次のような簡略式で十分です。

【簡略式資本金計上証明書】

資本金の額が法令に従って計上されたことを証する書面

令和○年○月○日

管轄法務局　御中

甲株式会社

代表取締役　○○○○

　下記のとおり令和○年○月○日までを払込期間とする当社募集株式の発行について，会社法及び会社計算規則に従って資本金が計上されたことを証明します。なお，<u>株式発行割合は100％です</u>。

記

1．払込みを受けた金銭の額（計算規則14条1項1号）　　金○○○万円
2．現物出資を受けた財産の額（計算規則14条1項2号）　金　　　0円
3．資本準備金計上額　　　　　　　　　　　　　　　　金○○○万円
4．差引き資本金計上額　　　　　　　　　　　　　　　金○○○万円

以上

有田　あれ，先生の昔の著作では，上記の下線部が「自己株式の交付は一切ありません」となっていましたよ。

金子　同じ意味です。どういう表現にするかは，各自の好みですし，この創意工夫が商業登記の楽しいところです。

有田　確かに。司法書士さんの多くは法務局の書式例をそのまま利用するのでしょうが，創意工夫する楽しさを味わってほしいものです。

3　新株と自己株式が併存した場合の記載法と計算式の根拠

有田　新株式を50株，自己株式を37株にしたような場合には，株式発行割合が50÷87で0.5747……となり割り切れません。こういう場合はど

う記載するのですか。

　金子　除さずに50／87と分数のままにしてください。ほとんどの場合が，総出資額×株式発行割合で分母が消えますので。

　有田　新株式には株式発行割合を記載させて，自己株式の部分には自己株式処分割合を記載させないのは，会社計算規則第14条第1項がそうなっているせいでしょうか。

　金子　そのとおりです。資本金等増加限度額の計算では自己株式処分割合は中心部分ではないからです。第2項のその他資本剰余金の額の計算では重要部分になっています。

　ここで「出と入り」の差を求めただけだとの議論の証拠を示しておきましょう。

　自己株式処分差損は自己株式の簿価から合計出資額のうち自己株式処分割合の額を控除したものです。よって，法務局の資本金計上証明書は，次のように書き直せます。

　資本金等増加限度額
＝合計出資額×株式発行割合−自己株式処分差損
＝合計出資額×株式発行割合−（自己株式簿価−合計出資額×自己株式処分割合）
＝合計出資額×（株式発行割合＋自己株式処分割合）−自己株式簿価
＝合計出資額×（1）−自己株式簿価
＝合計出資額（入り）−自己株式簿価（出）

　有田　実にあっさりし，分かりやすくなりました。つまり，自己株式処分差益の際の資本金等増加限度額は，「合計出資額×株式発行割合」であり，差損の際は「合計出資額−自己株式簿価」で，簡単に計算することができます。

5 自己株式の消却

1 自己株式の消却はその他資本剰余金の減少

　有田　ついでに自己株式の消却の計算もここでお願いします。

　金子　これは簡単です。自己株式をゼロ円で処分した場合と同様に考えればよいわけです。

　有田　処分差損が生じて，その他資本剰余金の減少ということですね（計算規則24条3項）。

【自己株式の消却はその他資本剰余金の減少】

株主資本		★注：自己株式の帳簿価額が600万円とすると，それが0円になり，その他資本剰余金が600万円減少する。
資本金		
資本剰余金		
資本準備金		
その他資本剰余金 * ←		★注：内部の振替えにすぎず，株主資本の合計に変化はない。
利益剰余金		
利益準備金		
その他利益剰余金		
自己株式 * ←		

↓

(単位：万円)

株主資本	7400		7400
資本金	5000		5000
資本剰余金	5000		*4400
資本準備金	5000		5000
その他資本剰余金	－	△600	**△600
利益剰余金	△2000		△2000
利益準備金	200		200
その他利益剰余金	△2200		△2200
自己株式	△600	＋600	**－

★注：**は自己株式の消却で直接変化したもの。*は，その結果として変動したものです。

金子　単に，株主資本の内部で振り替えられただけですね。

有田　補足ですが，ただいまの例では，その他資本剰余金が負の値になりますから，そのまま推移したときは，期末（決算日）等にその他利益剰余金に振り替えます。先ほども説明しましたが，表に出す貸借対照表の資本性勘定科目がマイナスでは，困るからでしょう。その他利益剰余金のマイナスとは違って，出資金を元手とする勘定科目ですから。

2　自己株式は資本性科目

金子　こうしてみると，自己株式は明らかに資本性勘定科目の1つといえますね。

有田　自己資本の払戻しと考えれば，資本性勘定科目の1つであって，利益性勘定科目とはいえないでしょう。

金子　旧商法時代は，自己株式消却を決議する取締役会で，その他資本剰余金を取り崩すか，その他利益剰余金を取り崩すかを決定していました。もう，その必要はありませんね。

有田　会社計算規則で，財源はその他資本剰余金と決められたわけですから，その必要はありません。

金子　なお，株式（自己株式・他社株式）の計上場所と資本性勘定科目と利益性勘定科目を分類した表は次のとおりです。

＜資本と利益と自己株式＞

（資　産）	（負　債）	
現金	（純資産）	
	（資本性）	（利益性）
	資本金	
他社株式	資本準備金	利益準備金
子会社株式	その他資本剰余金	その他利益剰余金
親会社株式	▲自己株式	

6 資本組入れの計算

1 資本組入れも株主資本内部での振替えにすぎない

有田 資本準備金の資本組入れやその他資本剰余金の資本組入れも（会社法448条，同450条），自己株式の消却と同様に，株主資本内部での振替えにすぎませんね。

金子 おっしゃるとおりです。株主資本の合計額に変化はありません。のちほど説明しますが，減資も狭義の剰余金の処分も同じです。

下記は，資本準備金から1000万円を資本に組み入れたケースです。

【資本準備金の資本組入れ】

株主資本		★注：資本準備金の減少と資本金の増加の２つであり，株主資本の内部の振替えにすぎず，株主資本の合計額に変化はない。
資本金 * ◄		
資本剰余金		
資本準備金 * ◄		
その他資本剰余金		
利益剰余金		

↓ （単位：万円）

株主資本	7400		7400
資本金	5000	+1000	**6000
資本剰余金	5000		*4000
資本準備金	5000	△1000	**4000
その他資本剰余金	－		－
利益剰余金（後略）	△2600		2600

★注：**は資本組入れで直接変化したもの。*は，その結果として変動したものです。

2 利益の資本組入れも可能

有田 その他資本剰余金を資本金に組み入れたり（会社法450条），資本準備金に組み入れる場合も同じですね（同451条）。同様に，その他利益

剰余金を利益準備金に組み入れる場合も同じですね（同）。

　金子　はい。

　有田　では，その他「資本」剰余金を「利益」準備金に組み入れる場合や，その他「利益」剰余金を「資本」準備金に組み入れる場合も同じですか。

　金子　「資本剰余金と利益剰余金の峻別」（企業会計基準第1号）の観点から，それは会社計算規則が認めていません。ただし，資本金は資本剰余金に含まれませんから，平成21年4月施行の改正会社計算規則で，利益準備金やその他利益剰余金からの資本金への組入れは肯定されました。なお，進行中の期間利益は，損益計算書が確定しない限り，貸借対照表のその他利益剰余金にならないので，資本金に組み入れることはできません（会社法446条，計算規則29条1項2号）。

【適法な組入れ行為】

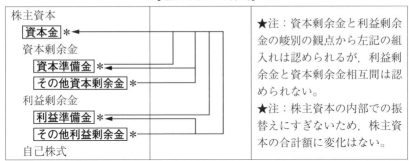

★注：資本剰余金と利益剰余金の峻別の観点から左記の組入れは認められるが，利益剰余金と資本剰余金相互間は認められない。

★注：株主資本の内部での振替えにすぎないため，株主資本の合計額に変化はない。

3　組入れは減少と増加の2つの行為

　金子　念のため，会社法及び会社計算規則では，「資本組入れ」という用語は使いません。資本準備金の資本組入れは，資本準備金の額の減少と資本金の額の増加であり，その他資本剰余金の資本組入れは，その他資本剰余金の額の減少と資本金の額の増加という2つの行為です。会社法の該当条文をご確認ください（会社法448条，同450条，同451条）。

7 そもそも資本金とは，株主資本とは

1 やさしい貸借対照表の話

金子 さて，読者の中には，資本金や株主資本といっても，実感の湧かない方も多いことと思います。私自身，若い頃は，資本金1億円といったって，どこに1億円があるのだと思っていましたし，単なる計算上の概念にすぎないということが，どうもピンときませんでした。

有田 そういう若い人向けの説明もしましょうか。読者には，若い方も大勢いらっしゃるでしょうから。昔の金子著「目からウロコ」シリーズにも説明されていましたが，旧商法時代の本ですから，再度，ご説明願えますか。

金子 そもそも株式会社とは何かからはじめますと，営利を目的とした社団（人の集まり）です。誰かが「おーい，これから出版業をはじめて株式公開できるような会社にしようよ。儲かったら配当するよ。組織の基本形態たる憲法（定款）はこういう内容だが，一緒にやりたい人はこの指止まれ」と呼びかけ，集まった人たち全員が資金を持ち寄り，会社を運営する人（取締役）と運営を監視する人（監査役）を決め，必要事項を登記して営利社団が法人となるわけです。法人というのは，その名で物を買ったり，借金できる主体になれるということです。

有田 株式会社も社団なんですよね。一般に社団法人というと非営利法人をいいますが，**営利目的の社団法人を会社**というのですよね。

金子 だから，持分会社の出資者を「社員」というわけです（従業員を意味する「会社員」と区別してください）。株式会社の株主も株式会社という社団法人の社員です。念のため，社団とは人の集まりですが，会社では，1人社員でも構いません。すぐに多数人になれるという意味で，会

社法でも認めています。

　こうして集まった資金の全額が1億円だとすると，この半分以上を資本金にしなければなりません（会社法445条2項）。半分の5000万円を資本金にしたとすると，残りは資本金の余り（資本剰余金）の一種である資本準備金という名称の科目に計上されます（同445条3項）。

　この関係を算式で表しますと，

　①　「現金1億円＝資本金5000万円＋資本準備金5000万円」

となりますね。この会社を仮にA社としましょうか。このAが2000万円借金したとすると，

　②　「現金1億2000万円＝負債2000万円＋（資本金5000万円＋資本準備金5000万円）」

という算式になります。

　ここで約束ですが，**現実の資産は算式の左側，現実の負債と出資で調達した金額は算式の右側**に記載することにします。算式でなく表にしたものを「貸借対照表」というわけですが，簿記では，貸借対照表の**左側を借方**（かりかた），**右側を貸方**（かしかた）といいます。

　続いて，Aが，本社事務所を賃借し保証金4000万円を支払い（返還請求できる財産であり家主への預け金です），机，応接セット，OA機器など，さまざまな固定資産の購入で3000万円を使ったとしましょうか。

　現金の残りは5000万円ですから，この算式は，

　③　「現金5000万円＋机等3000万円＋保証金4000万円＝負債2000万円＋（資本金5000万円＋資本準備金5000万円）」

となります。

　有田　等式の左辺は，現実の財産であり，右側は，他人からの資金である負債（**他人資本**）と自己（株主）資金（**自己資本・株主資本**）である資本金等というわけですね。

金子　はい。以上の③の算式を表で表しますと，次のようになります。これが貸借対照表というものです。

【A社貸借対照表】　　　　（単位：万円）

資産の部		負債及び純資産の部	
現金	5000	借金	2000
机等	3000	資本金	5000
保証金	4000	資本準備金	5000
資産合計	12000	負債・純資産合計	12000

有田　貸借対照表は，英語では，バランスシートといいます。

金子　貸借対照表というからむずかしく感じるのであって，単なる算式表と考えれば違和感がないと思います。単なる一時点の資産・負債目録と思っておけば十分ですよ。四角い表の左半分が会社の資産（プラスの財産）目録で，右側に人様から集めた借金（マイナスの財産）目録と会社の自己資本部分を記載するだけです。

2　資本金等は数字にすぎない

有田　ここでピンとこない部分が資本金の5000万円はどこに行ってしまったのだということでしょうか。

金子　以上の流れからお分かりのとおり，机や保証金に化けてしまったわけです。ですから，**資本金とか準備金というのは一定の計算上の数値**であって，実体のあるものではありません。

有田　純資産の一部なのに，計数にすぎないのですか。

金子　純資産といっても，現実の財産である資産と負債の差額として正味財産「額」ではありますが，個々の財産を意味しません。

これに対して，資本金や準備金は，正味財産「額」の内訳そのものではありません。別の言葉でいえば，資本金や準備金は，純資産額の最低

限の「基準」ないし「下限ハードル」です。この基準を純資産額が下回ると元手の出資額たる元本（基金）が減ってしまったことが分かります。この状態を「**資本欠損**」などといい，業績の悪さを示すわけです。

　<u>銀行の預金通帳でいうと，最初に通帳を作ったときの金額が資本金等であって，現在の預金残高が純資産額です</u>。通帳を作ったときは，現実の財産だったけれど，時の経過とともに，「最初に通帳を作ったときの金額」という計算上の数値になってしまい，現在の預金残高たる純資産額との比較対象の「基準」となるわけです。

　有田　欠損状況が深まり，純資産の部の合計がマイナスになると，特に**債務超過**というわけですよね。現実の財産の面でいうと，負債が資産を上回っている状態です。

3　株主資本と純資産

　有田　会社法になってから，純資産の部がおおむね次のような構成になりました。

【甲社の貸借対照表】　　（単位：万円）

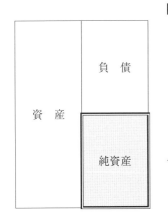

株主資本	7400
資本金	5000
資本剰余金	5000
資本準備金	5000
その他資本剰余金	－
利益剰余金	△2000
利益準備金	200
その他利益剰余金	△2200
自己株式	△600
評価・換算差額等	△1000
新株予約権	20

　金子　純資産には株主資本以外に評価・換算差額等と新株予約権があ

ります。新株予約権は，新株予約権自体が有償で発行された場合などの
価額のことですが，従来は行使されるまでは資本金等の払込資本ではな
いから，一種の預かり金として負債の部に計上されましたが，会社法で
は，純資産の部に計上されるようになりました。資産と負債の定義を厳
格にし，そのどちらにも属さないものを資産と負債の差額である純資産
に属させたからです。

　有田　そういう関係もあって，純粋の自己資本につき株主資本という
用語を設け，純資産の部の中に，一定の地位を示させたのでしょう。

　金子　評価・換算差額等というのは，資産の評価額の一種です。それ
が△1000万円と計上されているということは，資産の価値が取得したと
きよりも1000万円分減少したことを意味します。中学の数学で等式の辺
を跨ぐことを移項といい，プラスマイナスの符号が変わると習いました
が，△1000万円の数字を左側に移項させれば，＋1000万円となり，評価
減されていた資産は，もとの取得価額に戻ります。

　有田　このあたりの知識は，吸収合併等で合併消滅会社の新株予約権
はどうなるかというときに重要ですが，新株予約権も発行しておらず，
評価・換算差額等も計上していない会社が圧倒的多数ですから，そうい
うごく普通の会社にあっては，株主資本と純資産の額は一致します。

　金子　そういうごく普通の会社を前提に今後も説明を続けます，もっ
とも，少なくとも，増減資や自己株式の問題においては，新株予約権も
評価・換算差額等も影響しません。

　なお，合併等の組織再編の部分で**株主資本等変動額**という用語がでて
まいりますが，これは合併などで変化する株主資本の増減額のことです
（「等」は持分会社の社員資本を意識したものにすぎない）。増資における資本金
等増加限度額みたいなものです。

第 2 話

減資と剰余金の処分の計算

1 減資は資本組入れの逆コースにすぎない

1 資本金を減少すると資本剰余金に計上される

有田 旧商法時代は，株主への払戻し目的の減資，株式の有償消却目的の減資など，会社と外部との関係の減資もありましたが，会社法では，すべて株主資本内部の科目の振替え行為になりました。昔流にいうと，無償減資への一本化でしょうか。

金子 おっしゃるとおりです。**会社法全体を流れる思考は，「AはA，BはB」という個別分解思考**です。ここでも，「減資は減資，株主への払戻しは払戻し」，減資による株式の有償消却も「減資は減資，株式の取得は取得，取得した株式の消却は消却」と因数分解されました。念のため，減資は資本減少とはいわずに，資本金の額の減少といいます。

有田 資本金の「額」という計数を減少させるだけの行為になったというわけですね。

金子 はい。減資は，資本組入れの逆で，株主資本の勘定科目の上から下への振替えです。**逆資本組入れ**です。

原則として，その他資本剰余金になりますが，全部又は一部を資本準備金に振り替えることも可能です（会社法447条1項）。

【資本金の額の減少】

株主資本		★注：資本金の額を減少すると広義の資本剰余金になるだけであって，株主資本の内部の振替えにすぎず，株主資本の合計額に変化はない。
資本金 *		
資本剰余金		
資本準備金 *		
その他資本剰余金 *		
利益剰余金		
（後略）		

2　準備金の減少も科目の振替え行為にすぎない

有田　準備金の額の減少も同じですよね。

金子　同じです。資本剰余金と利益剰余金の峻別の観点から，資本準備金を減少させて，その他利益剰余金を直接増加させることなどはできませんけど。

有田　準備金の減少とその他の剰余金の増加という 2 つの行為という点でも同じですね。

【準備金の額の減少】

```
株主資本
　資本金
　資本剰余金
　　資本準備金 *
　　その他資本剰余金 *
　利益剰余金
　　利益準備金 *
　　その他利益剰余金 *
　自己株式
```

★注：資本準備金が減少すると，その他資本剰余金となり，利益準備金が減少すると，その他利益剰余金となる。株主資本の合計額に変化はない。

3　債権者保護手続と分配可能額

有田　資本金の減少も準備金の減少も，株主資本の内部での科目の振替え行為にすぎず，株主資本も純資産額も減少しないのであれば，なぜ資本金や準備金の減少の手続で債権者保護手続が必要なのかと思う読者も多いのではないでしょうか。

金子　先ほども触れましたが，資本金と準備金は，会社業績を表す基準値であり，会社は純資産額がこの基準額を上回るように業績を上げて行かなければならない宿命にあります。ですから，勝手にこの基準を上げられても困ります。純資産額が資本金等を上回らない限り剰余金の配当ができないようになっているのに（会社法461条 2 項参照），資本金や準備金が小さくなれば，剰余金の配当等も可能となり，会社財産が減少し

てしまいます。

　このように，債権者からみれば，資本金等が減らされることは，会社財産のあるべき金額の基準ないし歯止めが小さくなることですから，看過するわけにはまいりません。これが資本金の額の減少につき債権者に「異議あらば，述べよ」と公告及び催告する理由です。

　有田　おっしゃるとおりです。剰余金は株主の判断で配当等に回せますが，資本金や準備金はそういうわけにはいきません。

　金子　銀行預金でいうと，資本金や準備金は定期預金で債権者への担保に提供しているが，剰余金は普通預金であり，株主総会決議でいつでもおろせるわけです。

　有田　それで，剰余金の範囲内での自己株式の取得（購入）には，債権者保護手続が必要ないわけですね。

　金子　はい。厳密にいうと，剰余金の範囲内ではなく，剰余金の分配可能額の範囲内であり，現在の剰余金から以前に取得した自己株式の帳簿価額などを控除した範囲内です。

　株主資本を次のように並べ替えると分かりやすいでしょう。

【資本金・準備金・剰余金の相違】

資本金	勝手に減少できない（債権者の担保）
準備金 　資本準備金 　利益準備金	勝手に減少できない（債権者の担保） 名前のとおり，いざというときの予備資金
剰余金 　その他資本剰余金 　その他利益剰余金 自己株式	この合計が**分配可能額**であり，株主が自由にできる部分

2　欠損と剰余金の処分に関する2つの意味

1　欠損の2つの意味

　金子　さて，有田さん，次の甲社貸借対照表によると，欠損額はいくらですか。

【欠損額はいくらか】　　（単位：万円）

株主資本	7400
資本金	5000
資本剰余金	5000
資本準備金	5000
その他資本剰余金	－
利益剰余金	△2000
利益準備金	200
その他利益剰余金	△2200
自己株式	△600

　有田　会計士や税理士の多くが，その他利益剰余金の赤字に目をつけ，2200万円と答えるでしょうが，会社法では分配可能額の赤字を意味するようになったのでしたよね（会社法309条2項9号ロ，同449条1項2号参照）。

　金子　はい。会社法施行規則第68条や会社計算規則第151条では，下記のように規定しています。

記

　次に掲げる額のうちいずれか高い額をもって欠損の額とする方法とする。

　　1　零

　　2　零から分配可能額を減じて得た額

　有田　何度みても，不思議な規定ですよね。

　金子　はい。「分配可能額が負の値のときの絶対値」とすれば，一発
で済む定義ですが，正負の概念は会社計算規則では使っていません。
　さて，分配可能額の計算には多くの要素を検討しなければなりません
が（会社法461条2項），その詳細は有田さん執筆の『よくわかる自己株式
の実務処理Q&A』（中央経済社刊）最新版の分配可能額計算表にお任せ
して，単純に計算すれば，「剰余金合計額－自己株式の帳簿価額」です
から，甲社の欠損額は2800万円です（その他資本剰余金0円＋その他利益剰
余金△2200万円－自己株式600万円）。
　有田　自己株式の帳簿価額は600万円であって△600万円でないこと，
その他利益剰余金の帳簿価額は△2200万円であることに気をつけてほし
いですね。自己株式は純資産の控除項目であるから，帳簿価額に△をつ
けているだけですから。
　金子　以上のとおり，欠損の額とは，日常用語でいう欠損としてのそ
の他利益剰余金の赤字額を意味する場合と，分配可能額の赤字額を意味
する場合の2つがありますから，ご注意願いたいですね。

2　剰余金の処分の2つの意味

　金子　続いて剰余金の処分の意味に移ります。会社法第452条は下記
のように定めています。「前目に定めるもの」とは，「会社法第2編第5
章第3節第2款第2目（資本金の額の増加等）に定めるもの」という意味
です。つまり，剰余金の資本組入れや準備金組入れは，狭義では剰余金
の処分とはいいません。

記

（剰余金についてのその他の処分）
第452条　株式会社は，株主総会の決議によって，損失の処理，任

意積立金の積立てその他の剰余金の処分（前目に定めるもの及び剰
余金の配当その他株式会社の財産を処分するものを除く。）をすることが
できる。この場合においては，当該剰余金の処分の額その他の法
務省令で定める事項を定めなければならない。

　有田　広義と狭義がありますね。つまり，
　狭義＝損失の処理，任意積立金の積立て，その他の剰余金の処分
　広義＝狭義，資本組入れや準備金への組入れ，剰余金の配当等
　金子　そのとおりです。ですから，狭義の意味の**剰余金の処分は，損失の処理と任意積立金の積立て**が中心です。
　有田　任意積立金というのは，定款の規定や株主総会の決議により，利益を源泉として任意に設定した積立金であり，退職給与積立金など目的を定めて積み立てるものと，別途積立金など目的を定めないものがあります。
　金子　資本準備金や利益準備金が法定準備金としたら，これらは任意準備金といわれるもので，その他利益剰余金の一種ですよね。

3　損失の処理としての剰余金の処分

　金子　重要なのは，損失の処理です。損失とはその他利益剰余金のうちの繰越利益剰余金の赤字（累積損失又は繰越損失）のことです。
　有田　損失の処理のための剰余金の処分といっても，広義では利益準備金や任意積立金の取崩しも含みますが，狭義では，それ以外の剰余金でその他利益剰余金の赤字額を補填することです。
　金子　その他利益剰余金以外の剰余金としては，その他資本剰余金しかありません。
　有田　資本剰余金と利益剰余金の峻別は，ここの部分にまでは届きま

せんね。

金子 はい。隣人が生活に困っているのに，援助しないとわが家にまで影響してしまいますから，資本剰余金と利益剰余金の交流は許されます。ただし，相手が赤字でないと，資金援助は許されません。それも赤字の範囲内に限られます。赤字の範囲とは，利益準備金を含めた利益剰余金の赤字額であって，その他利益剰余金のみの赤字額ではありません（郡谷大輔・今泉勇「定時株主総会における欠損填補と損失処理の違いと利益準備金処理」，商事法務1862号139頁以下）。

有田 なるほど。損失の処理とは，資金援助のことですか。前に，自己株式処分差損をその他資本剰余金に計上し，その他資本剰余金が赤字になったときは，期末（決算日）等にその他利益剰余金に振り替えると説明しましたが（本書11頁以下），損失の処理は，その逆に近く，利益剰余金の赤字補填のために，その他資本剰余金を取り崩すことですね。

そのためには，補填額以上に，その他資本剰余金が計上されていなければなりません。そうでないと，今度は，その他資本剰余金が赤字になってしまいます。

【損失処理の剰余金の処分】

株主資本		★注：損失処理とは，その他資本剰余金で「利益剰余金」の赤字の全部又は一部を補填すること。その他利益剰余金のみの赤字額そのものでない。
資本金		
資本剰余金		
資本準備金		
その他資本剰余金 ＊		
利益剰余金		
利益準備金		
その他利益剰余金 ＊		
自己株式		

金子 損失による剰余金処理の処分のためには，会社計算規則第153条により，「増加するその他利益剰余金」「減少するその他資本剰余金」

「処分する各剰余金の項目に係る額」を定めることになっています。

　有田　しかし，同条は，剰余金の処分の方法を定めたものであり，その他資本剰余金からその他利益剰余金への振替えを直接に規定したものではありません。

　金子　はい。会社計算規則第27条第 2 項第 3 号が「その他資本剰余金の額を減少すべき場合」は「適切な額」を減少してよいと規定し，同第29条第 1 項第 3 号が「その他利益剰余金を増加すべき場合」は「適切な額」を増加してよいと規定していますから，この組合わせも，損失処理のその他資本剰余金からその他利益剰余金への振替えを間接的に認めた規定と考えてよいでしょう。

4　広義の剰余金の処分

　有田　剰余金の配当などを含む広義の剰余金の処分の使用例は，ありますか。

　金子　有田さんに質問ですが，定時株主総会で計算書類を承認し，株主に配当する場合は，旧商法時代は「利益処分の件」などという議題でしたが，会社法ではどうすると思いますか。

　有田　「剰余金の配当の件」ですね。

　金子　では，同時に株主総会で剰余金を別途積立金に計上したいときはどうしますか。

　有田　剰余金の配当と任意積立金の積立てを同時に決議しますから，今度は「剰余金の処分の件」でしょうか。

　金子　そういうことになります。こうして，上場会社では，剰余金の配当だけを決議する場合にも，定時株主総会の議題を「剰余金の処分の件」とすることが多いようです。これが広義の剰余金の処分の使用例といえましょう。

③ 減資と損失処理又は自己株式の取得

1 損失処理や自己株式の取得には減資が先行することが多い

金子 本書2頁に示した甲社の繰越損失（その他利益剰余金）は，2200万円でした。この損失を処理しようにも，その他資本剰余金がゼロ円です。こういう場合は，資本準備金や資本金を取り崩して，その他資本剰余金を増やすしかありません。

有田 揚げ足を取るようですが，利益準備金を取り崩す方法もあり，この場合は，ストレートにその他利益剰余金に振り替えられます。

金子 そのとおりですね。

また，退職した従業員や役員から自社株式を会社で引き取ってほしいなどという場合にも，分配可能額の範囲という規制が生じますから（会社法461条参照），やはり剰余金を増加させる必要があります。

有田 それは配当の場合も同様ですね。

金子 はい。その他資本剰余金も配当原資になりますから，ご指摘のとおりです。

2 損失の処理の例

有田 事例説明でお願いします。

金子 本書2頁の甲社を例にして，合計で分配可能額を意味する△2800万円の欠損を補填しましょう。甲社の場合は，定時株主総会で資本準備金と利益準備金をその欠損の範囲で取り崩す限り，債権者保護手続は不要になりますが（会社法449条1項），勉強のため，ここでは，資本金から1000万円，資本準備金から1600万円，利益準備金から200万円を取り崩し，その他利益剰余金に振り替えることにしましょう。

　株主総会の議案は，次のとおり２つになります。もちろん，第２号議案は，第１号議案の効力発生を条件といたします。

記

第１号議案　資本金，資本準備金及び利益準備金の額の減少の件
第２号議案　剰余金の処分の件

【第１号議案／減資・減準備金の結果】

株主資本	7400		7400
資本金	5000	△1000	**4000
資本剰余金	5000		*6000
資本準備金	5000	△1600	**3400
その他資本剰余金	－	＋2600	**2600
利益剰余金	△2000		△2000
利益準備金	200	△200	**0
その他利益剰余金	△2200	＋200	**△2000
自己株式	△600		△600

★注：資本金1000万円，資本準備金1600万円，利益準備金200万円を減少。
　**印は減資・減準備金の直接効果，*印はその結果を表します。

【第２号議案／剰余金の処分の結果】

株主資本	7400		7400
資本金	4000		4000
資本剰余金	6000		*4000
資本準備金	3400		3400
その他資本剰余金	2600	△2000	**600
利益剰余金	△2000		*0
利益準備金	0		0
その他利益剰余金	△2000	＋2000	**0
自己株式	△600		△600

★注：その他利益剰余金の赤字2000万円をその他資本剰余金で補填する。
　**印は剰余金処分の直接効果，*印はその結果を表します。

　有田　面白いですね。こんなに大幅な変更をしたのに，株主資本の合

計額は全く変化していません。また，利益準備金減少による損失処理の効果は第1号議案なのに，資本金及び資本準備金減少による損失処理の効果は第2号議案の効果というのも，面白いですね。当然ながら，自己株式には影響しません。

　金子　自己株式を消却したい場合には，別途，取締役会で決議していただくしかありません。そのために，その他資本剰余金が600万円残っています。その他資本剰余金に残額がなくとも，自己株式の消却ができることは，既述のとおりですが。

3　自己株式取得の場合

　有田　剰余金としては，その他資本剰余金として600万円が計上されていますが，自己株式についても△600万円と計上されていますから，配当や自己株式取得の財源を意味する分配可能額は，ゼロ円です。これでは，新規に自己株式を購入できません。

　金子　そうしたいなら，資本金の額の減少額や資本準備金の減少額をもっと大きくすればよいだけです。

　有田　どのくらいのゆとりが必要でしょうね。

　金子　こればかりは各社次第ですが，せっかく債権者保護手続までするのですから，資本金は対外的に見栄えのよい範囲までにし，資本準備金は全額を取り崩してよいのではないでしょうか。

　有田　準備金は資本金の4分の1残さねばならないという旧商法の規制は，会社法で廃止されましたから，準備金をゼロ円にできますね。

　金子　資本金さえゼロ円にし，そのままでも構わないというのが会社法です。もっとも，瞬間的に資本金ゼロ円の実例はあっても，長期にゼロ円の実例は，資産保有会社など対外的な信用と無縁な会社でわずかにみかける程度です。商売（信用）重視の会社では無理でしょう。

第 3 話

組織再編の計算総論

1　第三者間か同一企業集団内かが重要

1　第三者間は買収，同一集団内は単なる組替え

　有田　やっと組織再編の計算に入りましたが，組織再編の計算は，ほんとにややこしいですよね。

　金子　ややこしくむずかしいですが，私も徐々に説明がうまくなってきました。何せ，最初は，中央経済社刊の『「会社法」法令集』の会社計算規則のミニ解説で，次は400頁以上の大部の『組織再編の手続』（平成19年7月刊）で，さらに有田さんとの共著『これが計算規則だ　株主資本だ』（同11月刊）で解説し，講演で何度もしゃべり，質問されていますから，こういう方向から説明すれば，分かっていただけるかなというコツを学習してきました。ただ，それでも計算と相性の合わない方がいらっしゃるようですけど…。

　有田　それは頼もしい限りです。早速ですが，表題のように，「第三者間は買収，同一集団内は単なる組替え」という点から入るのが分かりやすいと考えたわけですね。

　金子　はい。いい換えると，外部取引の組織再編と，内部取引の組織再編という分類ですが，その前提として，**合併も他の組織再編も取引行為の1つ**だという点を押さえておいてほしいですね。損益計算書に影響する営業上の取引ではなく，会社組織に関する取引であって，資本金等の変動や貸借対照表に直接影響する取引ですけど。

　有田　合併も契約ですから，取引の一種だといわれれば，そのとおりですね。誰も否定はできません。

　金子　以下，合併を中心とする組織再編につき，一言で「合併」ということにしますが，合併に限った内容ではないことに注意していただき

たいと思います。組織再編を合併取引に代表させるだけです。

　有田　合併取引のことを組織法上の取引とか，資本取引などということもありますね。取引だからこそ，合併「対価」という表現が一般化したのでしょうか。

　金子　株式を発行しない無増資合併も，会社法以降は，「**無対価合併**」と呼ぶようになりました。

　合併で現金を対価としたときは，まさに「買う・支払う」合併取引という表現がぴったりですが，合併新株を対価としたときも，現金の代わりに合併新株で「支払う」合併取引と捉えればよいわけです。

　この考え方は，第三者企業同士の合併に如実に現れます。「取引＝企業買収」と置き換えても差し支えありません。

　有田　「企業買収」を流行りの言葉を使うと，M&A（エムアンドエイ）ですね。

　金子　はい。Mは合併で，Aは取得という意味ですが，M&Aで1語と思って差し支えありません。

　M&Aの目的は他社の**事業を取得（支配下におくこと）**して，自社の成長をはかることです。その手法としては，

　①　吸収合併・新設合併
　②　株式買収（株式の公開買付けを意味するTOBもこの1つ）
　③　株式交換・共同株式移転・株式交付
　④　事業の譲受け，吸収分割，共同新設分割
　⑤　第三者割当増資による経営支配
などがあります。

　手法はさまざまでも，他社事業の支配・取得・取込みという点では共通です。簡単にいえば，他社事業の有償取得であり，買取りです。対価が現金に限らないだけです。これを平成21年4月施行の会社計算規則で

は，**支配取得**といいます（計算規則2条3項35号）。

　有田　吸収合併や新設合併も M&A といえるのですか。

　金子　甲が乙を吸収合併し，乙のオーナーが合併会社で少数株主になった場合を考えてください。甲が乙の事業を取り込んで支配したことになります。乙の事業の支配者が乙のオーナーから甲又は甲のオーナーに変化しました。現金は支払っていませんが，株式を支払っています。

　有田　なるほど。経営支配権の移動を伴うかどうかが重要ですね。

　しかし，その視点からいうと，ただいまの例のように，第三者企業同士の合併は，まさに株式で支払う企業買収であり，経営支配権の移動を伴う M&A ですが，同一企業集団内の吸収合併などは，そうだとはいえませんね。

　金子　はい。同一企業グループ内の合併，たとえば100％子会社間の合併や吸収分割などは，会社の外に置いた事業部門を統廃合するようなもので，単なるグループ再編（組替え）ですから，純粋の M&A とはいいがたいところがあります。

　有田　M&A の場合は，株式買収でも高額なプレミアムをつけて購入することが多いようですが，合併新株を発行する吸収合併でも同じでしょうか。

　金子　買い手が思う適正な値段ですから，プレミアムという表現には抵抗がないわけではありませんが，それを横に置くと，ご指摘のとおりです。なぜなら，合併消滅会社のオーナーからすれば，合併後には少数株主に転落し，経営支配権を喪失するのです。株主総会での発言権が小さくなり，役員にも選任されなくなるかもしれません。このような犠牲を払うわけですから，それなりのプレミアムやのれん代でもつけてくれなければ，合併に応じるわけがありません。

　これは取引のすべてにいえることで，身内（親子や兄弟）に売るなら自

分が買った値段（簿価）で転売しても構いませんが，他人に売るなら適正な時価です。個別資産と負債を個別に時価評価しても不十分であれば，のれんを加算した時価（＝適正な企業価値）での売却でなければ承服できません。「**外部取引＝時価＋のれん，内部取引＝簿価**」ということです。

　有田　念のため，補足いたしますと，ここで時価，簿価というのは，合併では消滅会社の個別財産が消滅会社の帳簿価額（簿価）のまま承継されるのか，含み損益を実現させて時価で承継されるのかという意味であって，企業価値を表す企業売却価格そのものではありません。

　会社所有不動産が取得価額の1億円で消滅会社の帳簿に計上されていれば，それが簿価であり，その不動産が1億5000万円の価値があれば，それが時価です。そして，時価取引の企業売却価格は，移転する財産の時価合計にのれんを加算したもので，逆にいえば，受け取る合併対価の時価です。時価合計が1億5000万円でも，2億円の対価を払ってもらえれば，差額の5000万円がのれんになります。

【時価取引と簿価取引の基本基準】

企業集団外との合併＝外部取引＝「時価＋のれん」（対価時価）での取引
同一企業集団内合併＝内部取引＝「簿価」での取引

2　共通支配下取引

　有田　現実の合併では，同一企業集団内の合併が多いようですから，それからはじめましょう。

　まず，同一企業集団の合併取引とは，具体的にはどういうケースでしょうか。

　金子　主に，**親子会社間合併と兄弟会社間合併**のことです。もちろん，子会社が孫会社を吸収合併すること，子会社が親会社を吸収合併すること，叔父が甥を吸収合併することなど，すべてを含みます。

　同一企業集団というためには，ピラミッドの頂点があり，その頂点を中心にしたファミリー企業同士の合併のことです。ピラミッドの頂点は，個人でも法人でない組合でも構いません。

【同一企業集団】

```
                    親
           ┌────────┴────────┐
          子1               子2
      ┌────┴────┐       ┌────┴────┐
    孫1       孫2     孫3       孫4
```

★左記の7社いずれの組み合わせも同一企業集団内の合併である。

　有田　そういう同一企業集団内の合併取引などを会社計算規則では何といいましたか。

　金子　同一企業集団の関係にあることを**共通支配下関係**といい（計算規則2条3項36号参照），同一集団内の合併取引などは，**共通支配下の取引**といいます。

　有田　共通支配下というのは，むずかしい用語ですが，共通の屋根の下と考えて，同一企業グループ内の取引（組織再編）と考えればよいわけですね。

　金子　はい。繰り返しですが，共通の屋根（支配者）は個人でも構わないことに注意してください。有田さんが甲社と乙社を支配していれば，甲と乙の合併は同一グループ内の合併，すなわち兄弟会社間の合併と評価されます。甲と乙に外部の株主が存在しても構いません。原則として，外部の株主との関係だけ抜き出して特別の扱いはしません。

　有田　外部の株主がいたら，その持分については，第三者間取引で，それ以外はグループ内の取引とは考えないのですか。

　金子　第三者間取引か共通支配下取引かというのは，消滅会社の財産

を時価で受け入れるのか，簿価で受け入れるのかがポイントであり，消滅会社の共有持分の何分のいくつは時価で，残りは簿価で受け入れるなどという会計処理は非現実的です。ですから，取引先株主や従業員株主などが少数株主として存在しても，その会社がグループ会社に属す限り，全体として事業財産を簿価で受け入れます。

　　有田　少数株主に不利ではありませんか。

　　金子　簿価で受け入れるというのは合併による財産の受入れの仕方であって，合併比率まで簿価純資産を基準に計算せよというわけではありません。合併比率は，1株あたりの時価純資産価値や，今後の成長性などを総合的に評価して決めますから，少数株主に不利というわけではありません。局面を異にした問題です。

　　有田　確かに，**時価か簿価かは会計処理（財産引継ぎ）の問題**であり，合併比率は株主の利害に関わる問題で，局面が異なりますね。

　　金子　また，株主に関係する点では，事業に関する経営支配権の移動を伴うかという問題があります。同一グループ間の合併では，合併前も合併後も少数株主は少数株主のままで経営支配権をもっていません。したがって，合併比率の算定自体でも，少数株主の発言権は大きいものではありません。不満が大きければ，合併反対株主として株式の買取請求権を行使して，株主であることをやめるしかありません。

　　有田　話が横道にそれそうです。要するに，共通支配下取引に該当すれば，外部株主持分の財産だけ時価で承継するなどといった会計処理にはならないということですね。

　　次の質問に移りますが，金子さんが甲社の筆頭株主でオーナーであり，甲の子会社として乙社と丙社があった場合のピラミッドの頂点は，金子さんですか，甲社ですか。

　　金子　先ほども指摘しましたが，私が頂点で，甲と乙，甲と丙の合併

は，子会社と孫会社という親子間の合併と同視するのが会社法の考え方
です（旧・計算規則58条2項3号，同4号対照）。

有田　再度確認しますが，会社の計算の面から，第三者企業間の合併
と共通支配下の合併を区別する基準は何でしょうか。

金子　やはり，これから第三者を企業買収するのか，すでに企業買収
済みなど内輪の合併取引かどうかということだと私は思っています。共
通支配下関係内部では，もう時価取引の必要もありません。

有田　同一企業グループ内の取引につき，時価で自由になされたら，
利益操作が可能になり，適当でないから簿価取引であるべきだという配
慮もあるのではないですか。

金子　それを答えてほしかったわけですね。フォローありがとうござ
います。

　ところで，話は変わりますが，簿価で財産が引き継がれるといっても，
それは合併など「事業が移転する取引」において，一体とした事業財産
が帳簿価額で移転するという意味であって，単なる単品の不動産売買な
どは，同一企業グループ内の取引であっても，簿価とは限りませんよね。

有田　はい。個別資産の取引については，別の考慮がなされますので，
同一企業グループ内の取引のすべてが簿価というわけではないことに注
意してほしいですね。

2　さまざまな合併形態

1　外部取引でも簿価となる場合がある

有田　続いて，企業集団外との外部取引に移りますが，すべての第三者間合併が**支配取得**として時価でなされるのですか。

金子　いいえ，外部取引でも簿価が適切な場合があります。ここではそれを説明しましょう。

　まず，外部取引は一般に時価でなされますが，その場合の会計処理のことを**パーチェス法**といいます。パーチェス（purchase）とは，買収とか仕入れという意味です。

有田　まさに有償による「取得（支配下におく）」ですが，例外もありますよね。

金子　もちろんあります。「（支配）取得」とか，「買収」と評価されるから，取引の原則に則り時価なのであり，支配取得と評価されない場合には，簿価取引になります。たとえば，もう廃止されましたが，甲と乙との合併において，合併後も持株比率が50：50に近い場合（55：45の範囲に収まる場合）には，甲が乙を買収したのか，乙が甲を買収したのかはっきりしませんし，一方が他方を買収したというよりも，甲と乙が連合して共同体を作ったと評価するほうが適切ですから，簿価取引でなされるとされていました。

有田　それは，**持分の結合**といわれたタイプですね。会計処理では**持分プーリング法**といいましたが，この会計処理は，国際的には受け入れられず，わが国でも，企業会計基準の改正がなされ，平成20年12月に廃止されました。

金子　持分の結合は，買収とはいえず，企業合同型ですね。法務用語

でいうと，双務契約というより合同行為です。だから，あたかも，甲と乙の貸借対照表をそのまま合算したかのような会計処理がなされたわけです。これを持分プーリング法といったわけですが，資本金や準備金もすべて合算額となりました。企業合同ですから，<u>合併消滅会社の株主全員も合併会社の株主になる必要があり，合併対価の全部につき合併存続会社が発行する株式に限定されます</u>。現金等が対価とされたら，株主を含んでの企業と企業の合同になりません。

　有田　持分プーリング法は廃止されましたが，第三者間合併で簿価取引になる場合がありますね。私から説明しますと，

　その1は，吸収合併を利用して事実上の合弁会社を作る場合です。これは，**共同支配企業の形成**といいますが，契約で企業合同型にするタイプであり，やはり簿価取引でなされます。支配者が複数のままなので，一方が他方を支配した関係になく，簿価のまま合併されます。

　その2は，形式上，買収する側の甲が合併消滅会社となり買収される側の乙が合併存続会社になる場合です。これは，**逆取得**といいます。よく勘違いされるようですが，子会社が親会社を吸収合併するのは，共通支配下取引であって，この逆取得ではありません。

　金子　逆取得は，第三者企業間の場合ですからね。

　有田　その1も，その2も，ともに簿価で財産が引き継がれますが，資本金等の株主資本の内訳までそのまま引き継がれるとは限りません。

【外部取引の合併と会計処理】

類　　型	内　　容	財産引継	会計処理
取得	合併により買収	時価引継ぎ	パーチェス法
共同支配企業の形成	契約による企業結合	簿価引継ぎ	
逆取得	形式上は従が存続		

2　第三者間の簿価取引は例外的位置づけ

有田　第三者間合併だけでも，いくつかの形態があると，ますます，ややこしいと思われる方も多いでしょうね。

金子　そのとおりですが，実際の事例が少ないので気にすることはありません。

有田　合弁会社の設立などは多いでしょうが，「共同支配企業の形成」の組織再編の実例は少ないでしょうね。逆取得はあり得るでしょうが，やはり数は限られるでしょう。

金子　40年近く，組織再編の実務にかかわっていますが，取り扱った経験はありません。

有田　私も，ないですね。

金子　よって，われわれ実務家としては，下表のグレー部分だけを意識しておけば十分です。

【さまざまな合併形態】

		類　型	内　容	財産引継
第三者間合併	原則	取得	合併により買収	時価引継ぎ
	例外	共同支配企業の形成	契約による企業結合	簿価引継ぎ
		逆取得	形式上は従が存続	
同一企業集団内合併				簿価引継ぎ

3　第三者間の合併自体も少ない

有田　「第三者間＝時価，同一グループ間＝簿価」と覚えるだけですから，簡単ですね。

ところで，金子さんは，もう数百件以上の組織再編の手続に関与したそうですが，そのうち第三者間合併の比率はどの程度ですか。

金子　中小のコンピュータ・ソフトウェアの会社同士など同業者間や，

別々の大企業の子会社同士など数件の経験がありますが，手がけた件数及び会社数の全体からみれば，１％にも満たないと思います。

　　有田　まさか。新聞紙上で第三者間である上場会社同士の合併など大量に報道されているじゃないですか。

　　金子　そういうのは大手監査法人や大法律事務所が扱い，市井の公認会計士事務所や司法書士事務所には依頼が来ません。来ても，合併比率の算定などは，司法書士や弁護士だけでは無理です。

　　有田　合併比率の算定が困難だから，金子事務所で扱った件数が少ないわけですか。

　　金子　いや，そもそも第三者企業同士の合併自体が少ないのです。だから，報道されるのであって，同一企業グループ内の再編ではニュース価値もありません。

　　有田　確かに，これまで金子さんと一緒にしたいくつかの組織再編の全部が同一企業グループ内のものでした。

　　金子　その節は，ありがとうございました。古い話ですが，有田さんが勤務していた事務所からのご紹介で担当した数年前の組織再編は，吸収合併も，増資も，会社分割も同時実行で，登記申請が11個になりました。10社以上の合併は何度か経験済みですが，あれもあり，これもありという連件申請で10を超えたのははじめてであり，貴重な経験でした。

　　有田　あのダイナミックなグループ再編の事例ですね。外部の会社は１社もその再編の当事者に登場しませんでしたね。

　　なぜ，第三者間の合併等の組織再編が少ないのでしょうか。

　　金子　合併というのは集団結婚みたいなもので，いきなり他人同士が合併してもうまくいかないからです。社風の相違もありますが，就業規則や給与体系の統一，コンピュータプログラムの統一など課題が多すぎて，あせって結婚しても，すぐに成田離婚を考えてしまいます。ですか

ら，他人同士が企業統合する場合には，とりあえず株式移転により共同
持株会社を作るとか，株式交換にするとか，資本・業務提携にとどめて，
十分な交際期間を経てから合併するからです。

　　有田　同一企業グループ内の簿価での合併だとしても，その前身は他
人同士だったということも多いですよね。

　　金子　私が役員を務める上場会社でも，平成20年の初頭に子会社を吸
収合併しましたが，もともとは他人であり，株式交換で同一企業グルー
プになりました。最初から，共通の屋根の下で生きてきたわけではあり
ません。

　　有田　確かに，社風の相違等の問題を考えると，別々の法人として存
在し続ける株式交換なら時価取引も十分にあり得るでしょうが，同じ屋
根の下で暮らすことになる合併は慎重に行わねばなりませんね。

　　金子　ですから，実務家としては，第三者間の時価合併よりも，共通
支配下の合併につき十分に勉強すべきなのです。兄弟合併と親子合併を
中心として，対価が自己株式だったり現金だったりした場合，消滅会社
が債務超過だった場合，無対価で対応できる場合などを勉強すべきで
あって，貴重なエネルギーを，めったにない合併や組織再編に振り向け
るべきではありません。

　　有田　めったにない組織再編とは何を意識しましたか。

　　金子　新設合併，持分会社の合併，株式や現金以外の対価を交付する
合併などです。

4　共通支配下の横の合併と縦の合併

　　有田　本書でも共通支配下取引の兄弟合併と親子合併を中心に話して
いくわけですね。

　　金子　はい。横の合併と縦の合併です。横の合併であれば，合併新株

等の対価の問題がでますが，縦の親子合併では，子会社の株主である親会社には対価を割り当てられません（会社法749条1項3号カッコ書）。

有田　子会社の株主が自分自身であるため，割り当てると自己割当てになってしまい，不都合だからですよね。

金子　はい。増資の場合でも，自己に割り当てたら，会社の財産が増えず，資金調達という増資の目的を達成できません。

また，縦の合併では，抱き合わせ株式の処理が大きな問題になります。

有田　**抱き合わせ株式とは，合併存続会社の有する合併消滅会社株式**のことですね。親が有する子会社株式が典型例ですが。

金子　合併で消滅会社は解散消滅しますから，それに伴い抱き合わせ株式も消滅します。兄弟合併であれば大きな影響はありませんが，親子合併の場合には，大きな影響があります。

また，共通支配下の組織再編では，グループ間の持合株式の処理も生じますし，外部の少数株主への対応も問題です。

有田　確かに，グループ同士の持合株式は多いですね。また，一部に外部株主，といっても，役員や従業員株主のことが多いですが，そういう少数株主がいることが多いですね。

金子　その処理もたいへんですし，合併比率次第では，端数が生じてしまうこともあります。

有田　同一グループ内での合併・再編だけでも，面倒そうですね。

金子　税務だって，面倒でしょうに。

有田　税務の実務では適格合併になるかが大きな問題です（本書196頁以下参照）。

やはり，実務書としては，頻繁にある共通支配下の組織再編に焦点をあてる必要がありそうですね。

3　現物出資か人格合一か

1　合併を出資とみるか，企業合同とみるか

有田　古い時代の合併学説に現物出資説と人格合一説というものがありましたが，まだ生き残っているのですか。

金子　合併は企業買収だ，対価は現金でもよいという時代に，このような学説の差は無用だとは思いますが，対価の全部が株式の場合には，会計処理の場面で依然として残っています。しかし，基本は現物出資説です。

有田　どういう意味ですか。

金子　企業買収というのは合併存続会社側からみた発想です。合併消滅会社からみれば，事業財産を提供し，対価として合併株式を交付される場合には，現物出資と思えるじゃないですか。

有田　なるほど。

金子　そもそも現物出資説は，存続会社と消滅会社は別々の会社であり，消滅会社は合併で解散するため，2つの会社が1つになるとはいえないという考え方です。

有田　旧商法時代の昔の「目からウロコ」シリーズでは，金子さんが「**合併して解散するのではなく，解散してから合併する**のだ」，複数の会社が1つに合同するのではない，その証拠に合併は商法の解散の節に規定されているじゃないかと説いたことを思い出しました。そんな発想をする人がいなかったので，驚きました。

金子　人格合一説は，2つの会社が1つになると考えますから，極論すると甲と乙の貸借対照表も合算させなければならないという思考になります。だから，合併比率が1：1のときは，消滅会社株式を合併会社

株式と読み替えてよいし，合併比率が１：１以外のときは，消滅会社で株式併合や株式分割の手続が必要だなどという，私にいわせれば，愚かな思考になるのです。

　そもそも，貸借対照表の資産の部では，合併消滅会社の財産を時価で引き継ぎながら，資本金等については，そのまま合算させるなどあり得ないじゃないですか。この人格合一説は，平成９年の合併法制の大改正で完全に排除されたというべきです。

　有田　会社法では合併比率が１：１のときでも，消滅会社の株券を存続会社からの対価と引き換えるため，株券の提出手続が必要になっています（会社法219条）。これは現物出資説的発想でしょうか。

　金子　そのとおりです。前にも書きましたが，会社法全体の思考が「甲は甲，乙は乙」という個別思考です。まさに，存続会社は存続会社であり，消滅会社は消滅会社として最後まで別々の会社と考えますから，合併比率が１：１であろうとなかろうと，甲株式と乙株式は別の株式であって，乙株式を甲株式と読み替えることはできません。会社法単体では，人格合一説的発想は，無理です。

　有田　３月決算会社同士の合併は期首の４月１日になされることが多いのですが，これにつき，しばしば合併後には合併消滅会社の決算公告を存続会社が代わりにするのかなどと心配する方がいらっしゃいますが，これも２つの会社が統合したという発想ですね。

　金子　はい。合併消滅会社は合併により清算手続なくして解散消滅したのです。決算公告も役員も法人免許も引き継がれません。

2　会社計算規則第35条と第36条

　有田　以上のとおり，会計処理の基本も会社計算規則第35条であり，存続会社は存続会社，消滅会社は消滅会社で，消滅会社が解散して生身

の事業財産を時価又は簿価で存続会社に出資するものだということですが，会社計算規則第36条はどういう位置付けですか。

　金子　これは例外であり，簿価引継ぎの合併で，合併対価の全部が存続会社の株式である場合には，財産もそのまま加算され，乙の株主全員も存続会社の株主として合流するわけだから，資本金等の株主資本の項目もそのまま合算する2つの会社が合同したかのような人格合一的会計処理も仕方ないという会計処理の例外規定です。条文の文頭にも「前条の規定にかかわらず」と例外である旨が明記されています。

　有田　会計処理の場面に限って，現物出資の発想をしないから，利益勘定の利益準備金やその他利益剰余金の引継ぎまで認める会計処理ですからね。

　ところで，第36条第1項の「吸収合併消滅会社における吸収合併の直前の株主資本等（つまり資本金等）を引き継ぐものとして計算することが適切であるとき」の「適切であるとき」につき会社計算規則に何の説明もないので，分かりにくい表現の典型ですが，会社法第431条や第614条に「会社の会計は，一般に公正妥当と認められる企業会計の慣行に従うものとする」とあるとおり，企業会計の慣行である会計基準の面から適切と評価される場合のことですよね。

　金子　そのとおりであり，具体的には，簿価引継ぎの合併で合併対価の全部が存続会社の株式・持分であるときという意味です。簿価引継ぎになる共通支配下の兄弟合併でも，合併契約でこの方法を採用したいと書けば，その意思を尊重し，この会計処理が認められます。日本では，かつては人格合一説が通説でしたし，こういう会計処理に慣れているので，無闇に廃止できず，会社計算規則にも残したのでしょう。街の会計事務所では，いまだにこの発想の事務所が少なくありませんが，時代遅れですから，本書の読者の方には，基本は会社計算規則第35条だと記憶

してほしいものです。

3　企業買収と現物出資

　有田　繰返しの質問かもしれません。現物出資というと増資（募集株式の発行等）を想定してしまいますが，組織再編で現物出資ということは増資と深く関係しているわけですか。

　金子　いま，ここでは「事業」の現物出資の話をしています。乙が甲に事業の現物出資をするということは，甲が現物出資された乙の事業を買い取り，株式で払ったのと同じです。企業（事業）買収ですね。

　有田　なるほど。

　金子　乙が事業を甲に吸収分割し，甲が対価として乙に甲株式を交付した場合も，甲株式で支払った企業買収ですね。

　有田　事業譲渡と同じですね。

　金子　はい。甲からみれば，事業の買収です。

　吸収合併でも，乙が解散し，事業の全部を甲に取得させ，甲株式を乙の株主が取得しても，甲の多数派株主になれなければ，甲が乙事業を買収したのと同じです。

　有田　こうしてみると，甲の株主資本のうち，資本金や資本準備金だけが増えるのか，組織再編のように，その他資本剰余金を増やしてもよいという相違があっても，増資，吸収分割，吸収合併には似通った関係があるわけですね。

　金子　はい。企業買収とみる見方は，事業の受け皿会社からの思考であり，現物出資とみるのは，事業の提供側からの思考にすぎません。

④　対価の基本は株式，現金，無対価の 3 つ

1　現金交付組織再編の例

　有田　合併対価が柔軟化され，極端にいえば対価は何でもよくなりましたが，実務ではどうですか。

　金子　現金での吸収分割の事例をいくつか経験しました。子会社が分割会社で，上場会社の親会社が承継会社の事例などです。株式を交付すると株式の持合関係が生じるので，避けたものと思われます。

　また，私自身は関与していませんが，上場会社が100％でない子会社（たとえば70％子会社）を株式交換で完全子会社にする際に，少数株主（30％株主）に現金を交付する事例がありました。少数株主が親会社の株主になることを避けたのか，もともとお付き合い参加の株主だったので，現金を交付してお付き合いの清算をしたのかは不明です。

　合併で現金交付というのは，あまり例がないようです。合併比率調整目的の現金交付（いわゆる合併交付金）は別としてですが。

2　現実の再編は株式交付か無対価が多い

　有田　吸収分割は事業譲渡に近く，株式交換は株式買収に近いですから，現金交付という事例もあり得ると思っていましたが，さすがに合併では少なそうですね。

　金子　親会社株式を交付する三角合併（実際は株式交換）は，マスコミを賑わしていましたが，中小企業では，まだまだです。結局のところ，われわれ**実務家としては，対価が存続会社株式，現金，無対価の場合を押さえておけば十分**です。

第 4 話

兄弟(非完全子会社間)合併の計算

1 新株を交付する兄弟合併の原則的処理と 例外的処理

1 兄弟合併の特徴

有田 実務に多い子会社同士の合併を取り上げましょう。次の甲と乙はPの子会社として，甲を存続会社，乙を消滅会社とし，とりあえずは，甲にも乙にも自己株式は存在しないという前提にします（今後も使いますので，この頁に 栞 でもはさんでください）。

また，甲と乙がPの完全子会社であれば，1株あたりの純資産がいくらであろうと，合併比率1：1や無対価合併が一般のため（第5話で話題にします），ここに取り上げても勉強になりませんから，甲にも乙にも従業員株主などP以外の株主が存在するという前提にします。

【当事者甲と乙の概要】　　　　（単位：万円）

	甲	乙
発行済株式の総数 （親会社P所有株式数）	1000株 （P800株）	400株 （P300株）
1株あたり簿価純資産	7万4000円	8万8800円
発行可能株式総数	4000株	1600株
総資産	10000	5000
総負債	2600	1448
純資産	7400	3552
株主資本	7400	3552
資本金	5000	2000
資本剰余金	5000	500
資本準備金	5000	500
利益剰余金	△2600	1052
利益準備金	200	500
その他利益剰余金	△2800	552

有田　こういう兄弟合併について，まずは，その会計上の特徴につき，いままで説明してくれたことをまとめてくださいますか。

金子　次のとおりです。

① 典型的な共通支配下取引である（計算規則2条3項36号）。

② 簿価取引（簿価引継ぎ）である（計算規則35条1項2号）。

③ 対価が甲株式なら簿価現物出資である（同上）。

④ ③の例外として，対価の全部が存続会社の株式で，かつ存続会社が選択すれば株主資本の内訳まで引き継ぐ会計処理ができる（計算規則36条1項）。

2　新株を発行する簿価現物出資

有田　対価が甲株式なら消滅会社の乙からみて簿価現物出資ということでした。ならば，存続会社の甲にとって募集株式の発行行為として増資のように考えてよいということでしたね。

金子　ごく通常の合併新株を発行する吸収合併については，募集株式の第三者割当行為を想定して構いません。ただし，いうまでもなく，金銭でも金銭以外の個別財産の出資でもなく，事業の現物出資です。

甲の1株あたりの純資産額が7万4000円，乙が8万8800円ですから，仮にこの比率で合併すると，7万4000：8万8800＝1：1.2です。

有田　乙の1.2株に甲の1株を割り当てる合併ですね。

金子　そう思う方が非常に多いのですが，合併比率というのは，1株価値の比較ですから，割当株数の比率ではその逆になり，乙株式1株に対して甲株式1.2株を割り当てる合併となります。

「乙株式1株8万88000円＝甲株式1株7万4000円×1.2」ですから，乙株式1株に対して甲株式1.2株を割り当てるということで間違いありません。ここは，絶対に間違わないようにしてほしいですね。

　有田　乙株式10株に対して甲株式12株を割り当てるという表現でもよろしいですか。

　金子　比率ですから，乙株式10株に対して甲株式12株でも，乙株式5株に対して甲株式6株を割り当てるでも一向に構いません。ただ，合併比率の表し方が，甲を1とするのが通常ですから，「乙株式1株に対して甲株式1.2株」という記載法が主流です。甲は，「400株×1.2」より，この合併で480株を発行することになります。

　有田　確かに，甲を基準に，相手の株式価値を決めるのが合併比率ですから，合併比率算定書では，甲を1にすることが多いですね。

　金子　同一企業グループ間の合併では不要になりましたが，合併を公正取引委員会に届けるときも，甲を1にするのが一般です。ですから，合併契約でも，「乙株式1株に対して甲株式○○株」という記載法が適当ではないでしょうか。

　さて，この合併を増資（募集株式の発行）と捉えると，その場合の決定事項は下記のとおりです。

記

(1)　募集株式の数　　　　　　　　当会社普通株式480株

(2)　募集株式の払込金額　　　　　1株につき金7万4000円

(3)　出資の目的とする金銭以外　　乙株式会社の全事業に属す資産
　　　の財産の内容，価額及びそ　　及び負債の全部
　　　の評価額　　　　　　　　　　評価額　金3552万円

(4)　財産の給付期日　　　　　　　令和○年○月○日

(5)　増加する資本金及び資本準備金に関する事項

①　増加する資本金の額　　　　　金1776万円

②　増加する資本準備金の額　　　金1776万円

(6)　割当方法　　　　　　　　　　乙株式会社の株主にその持株比率

に応じて割り当てる。

　有田　募集株式の発行では，上記の最後の割当方法は決議すべき事項ではありませんが（会社法199条），ついでに決議することが多いようですね。株主割当てでないことをはっきりさせるためでしょうか。

　金子　旧商法時代に「募集の方法」が株主への公告又は通知事項だったことの名残りでしょう（旧商法280条ノ3ノ2）。

　さて，兄弟合併など共通支配下の吸収合併契約の割当内容につき，募集株式の発行事項を真似して記載すると，次のようになります。

記

⑴　合併交付株式の数　　　　　当会社普通株式480株
⑵　払込金額　　　　　　　　　決定事項ではない。
⑶　出資の目的とする金銭以外　受け入れる簿価株主資本額
　　の財産の内容及び価額
⑷　財産の給付期日　　　　　　**合併効力発生日**
⑸　増加する資本金及び資本準　存続会社甲が定める。
　　備金に関する事項
⑹　割当方法　　　　　　　　　**合併消滅会社乙の株主全員にその所有する乙株式1株に甲株式1.2株を割り当てる。**

　有田　なるほど。合併消滅会社の株主を対象とした第三者割当増資とほぼ同じですね。しかし，合併消滅会社の「株主全員に株数に応じて」割り当てる点は，株主割当てのようですね。

　金子　株主割当てなら，「甲」の株主に割り当てます。ここは，別会社の「乙」の株主に割り当てますから，第三者割当てです。

　もっとも，前に話しましたが，人格合一説的発想では，合併存続会社

の甲と合併消滅会社の乙を合併契約の締結と同時に「甲乙一体会社」と
みて，「乙の株式＝甲乙一体会社の株式」だから，乙の株式1株に対し
て甲の株式1株を割り当てるときは，そのまま乙の株式を承継すればよ
いから株券提出公告は不要だが，乙の株式2株に対して甲の株式1株を
割り当てるときは，乙で株式併合に基づく株券提出公告が必要だなどと
説かれていたわけです。

　有田　金子さんが昔の著書で，他社の株式なのに株式併合というのは
おかしいと猛然と批判していた部分ですね。

　金子　はい。そのおかしな考え方であれば，甲乙一体会社における株
主割当てになりますが，会社法の思考は，合併契約を締結しても，「甲
は甲，乙は乙」で別々の会社と考えますから，ここは株主割当てではな
く，第三者割当てと考えてください。

3　兄弟合併の計算は単純な足し算にすぎない

　有田　兄弟合併を存続会社の甲からみると消滅会社乙の株主を対象と
した第三者割当増資であり，消滅会社の乙からみると事業の簿価現物出
資だというのは分かりましたが，存続会社の会計処理からみると共通支
配下の取引として乙の財産を簿価で引き継ぐということですね。

　金子　はい。出資というのは乙からみた表現であり，甲からみると，
受け入れる財産を自社の貸借対照表にどう計上しようかという問題があ
ります。それについては，こういう兄弟会社の合併のように共通支配下
取引の合併では，乙の簿価で受け入れるということでした。つまり，乙
の会計帳簿に計上されていたままの金額で受け入れます。

　有田　吸収合併というのは，現実の乙の資産と負債を受け入れること
であって，現実財産とはいえない株主資本を受け入れるものではありま
せんが，乙の資産と負債を簿価で受け入れると，その差額は乙の簿価純

資産額（株主資本）と一致するのが通例ですね。

　金子　そのとおりです。乙で新株予約権等の計上もなく，その純資産額が株主資本額と一致していれば，甲乙の合併は，単なる足し算にすぎないということです。次のとおり，乙の資産，負債，純資産を甲の貸借対照表に加算するだけです。

＜合併は足し算である＞

　有田　先ほどの甲に乙の資産と負債を足してみましょう。資産と負債の差額は，簿価株主資本ですね。

【甲の財産と乙の財産の足し算】　　（単位：万円）

	甲	乙	合併後の甲
発行済株式の総数	1000株	＋480株	1480株
発行可能株式総数	4000株	－	－
総資産	10000	＋5000	15000
総負債	2600	＋1448	4048
株主資本	7400		10952
資本金	5000		?
資本剰余金	5000		?
資本準備金	5000	簿価株主資本	?
その他資本剰余金	－	3552	?
利益剰余金	△2600		△2600
利益準備金	200		200
その他利益剰余金	△2800		△2800

　有田　あれ，合併後の甲の「純資産の部」の資本金等が「？」になっていますよ。ここは，合併契約で決めるというわけですね。

　金子　はい。合併契約で「甲が定める」などという記載方法でも構わないとされていますが，受け入れた簿価株主資本額の範囲で，いくらを資本金にし，いくらを資本準備金にし，残りをその他資本剰余金と定めることができます。

　有田　金子さんなら，どう決めますか。

　金子　拘束性の強い勘定科目に計上するのは避けたいので，全額とも，その他資本剰余金にします。

　有田　それが一番，融通性に富んでいますね。

　金子　しかし，それだと読者の勉強になりませんから，ここでは，資本金に1000万円，資本準備金に1000万円，残りをその他資本剰余金にすると決定したと仮定しましょうか。その場合は，次のようになります。

【株主資本の配分を決定】　　　　　　（単位：万円）

	甲	乙	合併後の甲
株主資本	7400	＋3552	10952
資本金	5000	**＋1000**	6000
資本剰余金	5000	＋2552	7552
資本準備金	5000	**＋1000**	6000
その他資本剰余金	－	**＋1552**	1552
利益剰余金	△2600	－	△2600
利益準備金	200	－	200
その他利益剰余金	△2800	－	△2800

　有田　その他利益剰余金のマイナスが消えませんねぇ。乙から受け入れた簿価株主資本の一部をこちらに回せませんか。

　金子　出資の発想ですから，全額とも資本性勘定科目（資本金・資本準備金・その他資本剰余金）になるのであり，それは無理だと説明済みですよ。営業取引ではないのですから。

4　資本金の額の計上に関する証明書

　有田　資本金を増加すると，それを登記しなければなりませんね。

　金子　もちろんです。その場合に，合併登記申請の添付書類として，資本金の額が法令に従って計上されたことを証する書面が必要です（商業登記法80条4号）。

　有田　この場合だと，どんな書面ですか。

　金子　兄弟合併という共通支配下取引の場合ですから，会社計算規則第35条第1項第2号の内容を中心に証明した文書です。法務局のホームページから引用すると，次のような簡単なものでよいようです。

【資本金の額の計上に関する証明書】

資本金の額の計上に関する証明書

　株主資本等変動額（会社計算規則第35条第1項）　　　金○○円

　吸収合併存続会社の資本金の増加額○○円は，会社法第445条及び会社計算規則第35条の規定に従って計上されたことに相違ないことを証明する。(注)

　令和○年○月○日

　　　　　　　　　　　　　　　○県○市○町○丁目○番○号
　　　　　　　　　　　　　　　○○株式会社
　　　　　　　　　　　　　　　代表取締役　　○○　○○

（注）　吸収合併存続会社の資本金の増加額は，株主資本等変動額の範囲内で，吸収合併存続会社が吸収合併契約の定めに従い定める必要がある（会社計算規則第35条第2項）。

　有田　募集株式の場合と相違し，あっさりしたものですね。

　金子　しかし，株主資本等変動額につき，会社から具体的金額が分からないといわれますので，私は，要は増加資本金額より大きければよいので，単位を百万円などにして記載してくださいと答えています。

　有田　資本準備金やその他資本剰余金の計上に関する証明書は不要ですか。

　金子　不要です。資本準備金やその他資本剰余金は，登記事項ではないからです。商業登記簿謄本をみていただければ，お分かりのとおり，資本金額だけが登記簿に表されています。

　有田　増加資本金ゼロの場合は，この証明は不要ですね。

　金子　合併契約の中に資本金は増加しないなどと書いてあれば，それで十分ですが，私の場合は，登記申請書の添付書面の欄に，「資本金の計上を証する書面／資本金は増加しないので添付省略」と記載して，一応，添付しないことをお断りしています。なお，テイハンの『商業登記書式精義（全訂第6版）』（2019年4月刊）1486頁には，不要と明記されています。ただし，簡易合併の場合は，商業登記法第80条第2号カッコ書の事項を添付書面欄に記載すべきです。

5　会社計算規則第36条の足し算

　有田　読者に混乱されると困りますが，兄弟合併で合併対価の全部が存続会社株式のときは，会社計算規則第36条の適用を任意に選択できますので，その場合はどうなるかについて，ここで触れましょう。

　金子　例外的会計処理のことですね。

　有田　まず，お尋ねしますが，第36条なら，受入れ財産を自由に利益性勘定科目に振り分けることができますか。できるとすると，合併と同時に，その他利益剰余金の赤字を消せて便利なのですが…。

　金子　それは無理です。会社計算規則第36条の会計処理は，甲の貸借対照表と乙の貸借対照表をそのまま合算した処理であって，自由にその他利益剰余金への加算額を決定できるわけではありません。いい換えれば，乙の資本金や資本準備金，その他資本剰余金，利益準備金，その他利益剰余金の計数をそのまま引き継ぐのが第36条であって，出資の発想をしないからこそ，利益準備金，その他利益剰余金の計数をそのまま引

き継げるわけです。

有田 そういうことですね。甲と乙の株主資本の内訳までも合算させる最も単純な会計処理であり，街の税理士さんがお好みの手法です。

いずれにしろ，本件では，次のような足し算になりますね（甲乙の株主資本の内訳については本書62頁参照）。

【株主資本の内訳も合算】　　　（単位：万円）

	甲		乙		合併後の甲
株主資本	7400		+3552		10952
資本金	5000		+2000		7000
資本剰余金	5000		+500		5500
資本準備金	5000	+	+500	=	5500
利益剰余金	△2600		+1052		△1548
利益準備金	200		+500		700
その他利益剰余金	△2800		+552		△2248

金子 上記のように実に分かりやすい単純な会計処理ですし，昔からの伝統でもあったため，これしかないと思い込んでいる会計人も多いようですよ。合算すると資本金が大きくなりすぎるから，同時に減資をするなどといった会計処理を時々耳にします。

有田 まだ，そういう方がいるのですか。法律の改正等をフォローしていないのですね。

金子 旧商法時代ですら，無額面株式を対価とするときは，資本金を増加しない合併が可能だったのですが，法律の改正に無頓着だったのでしょう。

もっとも，司法書士の中にも，「資本金÷株数」は割り切れないといけないと思っている方もいますから，人のことはいえません。

なお，古い商法時代の合併公告では，本件の例でいえば，会社計算規則第35条を適用する場合にあっても（本書68頁図参照），次のようにして

いました。下線部は私が引いたものです。

【合併並びに資本減少公告】

> 　平成〇〇年〇〇月〇〇日開催の甲及び乙の臨時株主総会において，左記会社は合併して甲は乙の権利義務一切を承継して存続し乙は解散すること，この合併に伴い乙の株式1株に対し，甲の株式1.2株を割当交付し，<u>甲乙の合併直前の資本の合算額7000万円を1000万円減少し</u>，合併後の発行済株式総数を1480株に，資本の額を6000万円にすることを決議したので，この合併並びに資本減少の決議に対し異議のある債権者は，本公告掲載の翌日から一箇月以内にお申し出下さい。(後略)

　有田　こういう公告をみたような気がします。

　金子　平成9年の合併法制の改正までの主流でした。こういう公告時代の記憶が残っていると，とにかく資本金は合算し，その後は減資してという発想になってしまうのでしょう。

　有田　旧商法時代の合併は，現物出資説よりも人格合一説のほうが勝っていたようですから，この公告もそれに影響されたのでしょうか。

　金子　はい。おかげで私のような正当な異端者は，自説を曲げて，そういう公告をしていました。そうでないと，登記が無事に終わらないというおそれがあったからです。平成9年の合併法制の改正で，極端な人格合一説的発想が排除され，私は異端者から正統派に変わりました。

6　会社計算規則第36条の資本金計上証明書

　有田　話を戻しまして，資本金等の株主資本の内訳まで引き継ぐ場合の資本金の額が法令に従って計上されたことを証する書面は，どうなりますか。

　金子　次のとおり，いとも簡単な内容になります。単純に甲と乙の資本金額を合算するだけです。例によって，法務局のホームページから引用した抜粋です。

【資本金の額の計上に関する証明書】

資本金の額の計上に関する証明書

吸収合併の直前の吸収合併消滅会社の資本金の額

（会社計算規則第36条第1項）^(注1)　　　　　　　　　金○○円

吸収合併存続会社の資本金の増加額○○円は，会社法第445条及び会社計算規則第36条第1項の規定に従って計上されたことに相違ないことを証明する。^(注2)

令和○年○月○日

　　　　　　　　　　　　　　　○県○市○町○丁目○番○号
　　　　　　　　　　　　　　　○○株式会社
　　　　　　　　　　　　　　　　代表取締役　　○○　○○

（注）1　登記されている吸収合併消滅会社の資本金の額と一致している必要がある。

　　　2　吸収型再編対価が存しない場合には，吸収合併存続会社の資本金の額を増加させることはできない（会社計算規則第36条第2項）。

有田　確認ですが，乙が債務超過であろうとなかろうと，そのまま乙の資本金額を甲の資本金額に合算させてよいのですね。

金子　もちろんです。繰り返しますが，会社計算規則第36条は出資の発想をしません。現実の財産を承継する現物出資というよりも，乙の資本金，資本準備金等を引き継ぐという会計処理です。

有田　蛇足かもしれませんが，なぜ合併対価の全部が存続会社の株式である場合に限るのですか。

金子　企業と企業の合同ないし結合といえるためには，貸借対照表だけでなく，株主も全員が1つ場所に集結しなければならず，対価に現金でも加わったりしていては，これが不可能になります。

有田　株主まで，そのままに現状内容を変えずに，1つに統合するのが第36条適用の前提というわけですね。

2 吸収合併と第三者割当増資とどこが違うか

1 吸収合併と第三者割当増資との類似性

金子 これまでの事例で，簿価での増資と簿価での合併との類似性を
もっと簡単な図表でまとめてみますと，次のようになります。

(1) 甲と乙の状況

次の内容でした（単位：万円）。

甲（存続会社）

| 資　産 | 10000 | 負　債 | 2600 |
| | | 純資産（株主資本） | 7400 |

乙（消滅会社）

| 資　産 | 5000 | 負　債 | 1448 |
| | | 純資産（株主資本） | 3552 |

(2) 募集株式の発行の場合

乙が甲に現物出資（資産と負債という現実の財産を移転）すると（資本金等
増加限度額は3552万円），甲では資本金と資本準備金が増え，乙では財産移
転の見返りに甲株式480株を取得するのでした（計算規則14条以下）。図表
では次のとおりです。出資者である乙の変化にご注意ください。

甲──→資産・負債・「資本金と資本準備金」が変化する。

資　産	10000＋ 5000	負　債	2600＋ 1448
		純資産（株主資本）	7400＋ 3552
		資本金と資本準備金が3552増える	

乙──→財産は甲株式のみになる。

| 資　産 | ~~5000~~ ──→ **甲株式480株** | 負　債 | ~~1448~~ ──→ 0 |
| | | 純資産（株主資本）3552 **(不変)** | |

(3) 参考までに吸収分割の場合

参考までに，乙が甲に吸収分割（全資産と全負債という現実の財産を移転）すると（株主資本等変動額は3552万円），甲では株主資本が増え，乙では財産移転の見返りに甲株式480株を取得します。(2)の増資との相違は，組織再編の場合は資本金と資本準備金になるとは限らないことです。換言すると，これが株主資本等変動額と資本金等増加限度額との相違です（計算規則14条と35条・37条対照）。図表では次のとおりです。

甲──▶資産・負債・「株主資本」が変化する。

資　産　　　　　　　　10000＋ 5000	負　債　　　　　　　2600＋ 1448
	純資産（株主資本）　　7400＋ 3552
	株主資本が3552増える

乙──▶財産は甲株式のみになる。

| 資　産　　　　-5000 ──▶ **甲株式480株** | 負　債　　　　　1448 ──▶ 0 |
| | 純資産（株主資本）3552 **(不変)** |

(4) 吸収合併の場合

吸収合併の場合には，乙が解散し，対価の甲株式480株は，乙の株主に交付されます。甲の会計上は，(3)と同様であり，(2)の増資との相違も，(3)に記載のとおりです。図表では次のとおりです。

甲──▶資産・負債・「株主資本」が変化する。

資　産　　　　　　　　10000＋ 5000	負　債　　　　　　　2600＋ 1448
	純資産（株主資本）　　7400＋ 3552
	株主資本が3552増える

乙──▶乙は解散し消滅する。甲株式は乙の株主に交付される。

| 資　産　　　　-5000 | 負　債　　　　　-1448 |
| | 純資産（株主資本）　-3552 |

2　吸収合併には債権者保護が必須である

有田　合併の計算の基本は足し算であり，第三者割当増資に近似しているとするなら，原則として受入れ額の全額を資本金と資本準備金に計上しなければならないとはいえませんか。

金子　よく，2分の1は資本金に計上しなければいけないのではないかという質問を受けます（会社法445条1項，2項参照）。

有田　もっともな疑問と思います。

金子　条文上の根拠は，増資に関する会社法第445条第1項に「この法律に別段の定めがある場合を除き」とありますし，同第5項でも，合併については「法務省令で定める」と規定しています。ここでいう法務省令とは，会社計算規則のことであり，株式を交付する吸収合併では，第35条と第36条のことです。

有田　条文にそう定めてあるからというのでは，「目からウロコ」シリーズらしくありません。

金子　分かっています。有田さんの質問は，理論的かつ実質的根拠ですよね。それには，増資と吸収合併の性格と手続の相違を考えればよいと思います。

有田　増資と吸収合併の性格の差とは？

金子　自己資本調達手段（＝資本の増強手段）か，組織の再編手段かということです。前者なら，自己資本の典型である資本金と資本準備金を増加させる行為そのものといえますが，組織再編は他社を利用した組織や事業の再構築であって，自己資本を増強するために行うものではありません。一律に資本金や資本準備金のみを増加させる必要はないでしょう。

有田　しかし，株式発行行為という点では類似した側面があります。もっとも手続は違いますけど。

金子　はい。同じ株式発行行為でも，手続が相違し，吸収合併などの財産を承継する組織再編には債権者保護手続が必須だという特徴があります。つまり，いったんは，増資に準じて資本金と資本準備金になるとしても，同時に資本金や資本準備金の額の減少がなされたと考えれば，その他資本剰余金に計上できることがご理解いただけると思います。

有田　増資でも事業の現物出資で，その事業に負債を含んでいれば，債務引受行為ですから債権者保護が個別に必要ですが，増資制度に債権者保護手続が必須というわけではありません。そういう意味では，合併で財産が増えることが多いのに，一律かつ制度的に債権者保護手続が必須というのは，やや違和感があります。

金子　消滅会社の債権者からみれば，債務者が存続会社に交代するわけですから，債権者保護手続は自然です。問題は，財産が増える場合の存続会社の債権者保護がなぜ必要なのかということですが，債権者からみれば，債務者企業の財産内容が大幅に変化することもあるので，その保護手続を必須にしたのではないでしょうか。理想的な体型の債務者がメタボになったら，債権者としては看過できません。

有田　会社法では，債務超過会社の吸収合併も認められましたから，合併で財産が増えるとは限らなくなりましたので，なおさら債権者保護手続の必要性が高まったとはいえますね。

金子　それは大きいことですね。表面上は債務超過でなくても，業態が大きく変わるということもありますので，やはり債権者にとっては，融資した際の前提が相違してしまうという問題が生じるでしょう。

有田　同じ組織再編でも，株式交換で債権者保護手続をしない場合は，全額とも資本金及び資本準備金になるとされていますね（計算規則39条2項ただし書）。現実には資本準備金のみを増加させていますが。

金子　はい。株式交換は株式を受け入れる組織再編であって，相手企

業の事業財産自体は受け入れませんから，会社の業態が変わるともいえません。

　有田　そうではなく，債権者保護手続をしないと，資本金及び資本準備金のみが増えるということをいいたかったわけです。

　金子　なるほど。資本金と資本準備金のみに計上されない根拠としては，基本的には組織の「再編」ということですが，債権者保護手続という手続上の問題が大きいということですね。

3　合併は引き算でもある

　金子　債務超過会社の吸収合併は別項目で述べますが，その場合は，合併はマイナスを足すことになり，結果的に引き算になります。

　有田　いったんは資本金・資本準備金に計上し，同時に減資したのと同じだという説明も，合併は引き算を含むといえますね。

　金子　合併による相乗効果で業績が倍増ということになれば，掛け算です。

　有田　とんでもない会社を合併して割を食うと，割り算ですか。

　金子　それでは割に合わないでしょう。まぁ，掛け算と割り算は法律の外の話ですが，要するに，**吸収合併というのは，増資や減資をも含んだ総合的法律行為**だということです。単科大学（カレッジ）ではなく，総合大学（ユニバーシティ）です。ですから，吸収合併が分かれば，増資も減資も分かります。

【合併は総合的包括的行為である】

吸収合併＝増資＋減資＋α
∴　受入れ額の全額をその他資本剰余金にできる。

3　兄弟合併と自己株式交付

1　合併対価として自己株式交付

有田　旧商法時代は，自己株式を新株の代用として交付できましたが，会社法でも同じですか。

金子　交付できる点は同じですが，新株の代用ではありません。りっぱな合併対価の1つです。

有田　その意味では，会社法では対価が柔軟化され，新株も対価の1つにすぎませんね。

金子　ところで，有田さん，会社計算規則第35条の見出しに，「吸収型再編対価の全部又は一部が吸収合併存続会社の株式又は持分である場合における吸収合併存続会社の株主資本等の変動額」とありますが，この場合の株式は新株式ですか，自己株式ですか。

有田　株式の「発行」とあれば，新株式のことですが，第35条には，そのような用語がありませんから，合併存続会社が発行する新株式も交付した自己株式も含むと思います。

金子　そのとおりです。自己株式のみを合併対価として交付した場合も，存続会社の株主資本が変化します。

2　自己株式交付と株主資本の変動

有田　合併対価として新株式を発行した場合と保有自己株式を交付した場合では，どこに変化が生じますか。

金子　やはり自己株式処分差損益と同様の問題が生じます。

有田　その他資本剰余金の増減ですか。

金子　吸収合併は増資でもあり減資でもありという総合的行為ですか

ら，単なる自己株式の処分と同様にはなりません。

有田 本書62頁の甲は，次の図表のとおり，簿価600万円の自己株式を保有していることにしましょう（自己株式△600万円，その他利益剰余金△2200万円，株主資本は不変とする），この全部を合併対価にしたという前提で説明をお願いします。

【当事者甲と乙の概要】 （単位：万円）

	甲	乙
発行済株式の総数 （親会社P所有株式数）	1000株 （P800株）	400株 （P300株）
1株あたり簿価純資産	（★注）8万2222円	8万8800円
発行可能株式総数	4000株	1600株
総資産	10000	5000
総負債	2600	1448
純資産	7400	3552
株主資本	7400	3552
資本金	5000	2000
資本剰余金	5000	500
資本準備金	5000	500
利益剰余金	△2000	1052
利益準備金	200	500
その他利益剰余金	△2200	552
自己株式	△600	－

金子 分かりました。その自己株式数は100株で，1株の取得価額（帳簿価額）は6万円としましょう。

さて，甲乙の合併では，合併比率が1：1.2のため合併対価たる株式数が480株で，受入れ簿価株主資本額は3552万円でした（本書62頁の図表参照）。1株につき，7万4000円です。

なお，ここでお断りしておきますが，**1株あたりの簿価純資産額の計算**（図表注記部分）は，自己株式控除後の発行済株式総数で除します。

「簿価純資産額÷自己株式控除後の発行済株式の総数」という計算式のため，ここでは，「7400万円÷900株＝8万2222円」となります。したがって，本件の甲が自己株式を保有していると，1株あたりの簿価純資産額は7万4000円よりも多くなり，合併比率にも影響しますが，ここでは合併比率は従前どおり1：1.2を前提として話を進めます。

　有田　合併比率は簿価純資産だけが基準でもありませんし，その前提で進めないと，ややこしくなりますからね。了解しました。

　さて，その前提で，480株中100株が自己株式とすると，受け入れた3552万円のうち，480分の100の740万円分が自己株式分ですね。

　金子　はい。残りの2812万円が新株式分です。

　有田　そうすると，自己株式処分差益は「740－自己株式簿価600」で，140万円ですね。

　金子　増資における募集株式の計算と同様だとすると，この合併での資本金等増加限度額は2812万円で，自己株式処分差益の140万円がその他資本剰余金ということになります。

　有田　しかし，ここは合併であり，増資ではない。

　金子　そういうことです。1つの吸収合併行為で3552万円を株主資本として受け入れたが，同時に600万円が株主資本から放出されたと考えて，差引きでの受入れ額（株主資本等変動額）は金2952万円だと考えます。

【募集株式と合併株式交付の差】

募集株式の計算	＊新株式発行分の差益2812万円→資本金と資本準備金へ ＊自己株式交付分の差益140万円→その他資本剰余金へ
吸収合併の計算	＊株式交付の結果として3552万円を受け入れたが，600万円の支出があり，差益合計は2952万円だ。募集株式の計算のように新株式分と自己株式分と分けてはならない。

　有田　合併の計算では，新株式の計算と自己株式の計算という分析的

な計算はしないわけですね。

金子 はい。このように合併の計算での足し算と引き算でいうと，3552万円の足し算と600万円の引き算が生じるのであって，新株式は新株式で，自己株式は自己株式で計算するわけではありません。収入から支出を引くという合併そのものでの収支計算をします。

有田 その計算結果の2952万円が**株主資本等変動額**ですよね。混乱させそうですが，平成21年4月までの旧・会社計算規則第58条では，本件の場合，収入の3552万円が（吸収型再編）株主資本変動額であり，3552万円から自己株式簿価の600万円を控除した2952万円が株主払込資本変動額といい，「入り」と「出との差引結果」で用語が異なっており分かりにくかったのですが，現行法は計算過程よりも計算結果だけに焦点を当ててくれたので，ぐっと分かりやすくなりました。

金子 私もいまでは旧・会社計算規則上の用語を出されると着いていけません。要するに，「入りと出」の結果が株主資本等変動額であり，この範囲で，資本金・資本準備金・その他資本剰余金に配分すればよく，次表のとおりです。

【足して自己株式簿価を引く】 （単位：万円）

	甲	乙	合併後の甲
発行済株式の総数	1000株	＋新株380株 ＋自己株100株	1380株
株主資本	7400	簿価株主資本 ＋3552	自己株式全部が対価として利用されたため，その簿価600を控除した2952が資本金等に計上される。
資本金	5000		
資本剰余金	5000		
資本準備金	5000		
利益剰余金	△2000		
利益準備金	200		
その他利益剰余金	△2200		
自己株式	△600		

3　自己株式交付と資本金の計上

有田　3552万円から自己株式簿価の600万円を控除した2952万円の株主資本等変動額ということになりますと，その全額を資本金に計上することもできますね。

金子　もちろんです。

有田　合併対価の全部が自己株式の場合も同じですか。

金子　同じです。ここは，多くの法曹が勘違いしているところですから，注意してほしい部分です。

有田　自己株式のみ合併対価として交付したのに資本金が増えると聞けば，多くの方がびっくりするのは当然でしょう。自己株式処分差益の全額が資本金に計上できるのと同じことになり，自己株式処分差益はその他資本剰余金に計上されるという原則からして，違和感が生じないほうが不自然です。

金子　でしょうね。だからこそ，吸収合併は総合的包括行為なんですよ。その自己株式処分差益たるその他資本剰余金を合併と同時に資本組入れしたと考えれば，違和感も薄れると思いますよ。

有田　なるほど。同時にその他資本剰余金を資本に組み入れたと考えれば，**合併対価の全部が自己株式でも，合併で資本金を計上できる**ことが円滑に説明できますね。

金子　はい。実は私も，旧・会社計算規則第58条で，ここまで読み取るのに数か月を要してしまいました。条文上「吸収型再編対価の全部又は一部が吸収合併存続会社の株式である場合」とあり，この株式が新株式か旧株式（自己株式）かにつき触れていなかったことの意味につき，十分に理解してほしいですね。当然に，現行の会社計算規則第35条でも同様に解釈してかまいません。

4 兄弟合併と抱き合わせ株式の処理

1 自己割当ての禁止

金子 本書62頁の甲乙において，甲が兄弟会社の乙を吸収合併する際に，甲が乙の株主だったとします。たとえば，下記のとおり，乙の発行済株式の総数400株中の100株を甲が所有していたとします。甲の取得価額は1株5万円で，全部で500万円としましょう。甲の資産として，「乙株式500万円」と計上されているわけです。

さて，有田さん，この甲名義乙株式100株に甲の合併新株を割り当てられますか。

【当事者甲と乙の概要】 (単位：万円)

	甲	乙
発行済株式の総数	1000株	400株 （うち100株は甲）
1株あたり簿価純資産	7万4000円	8万8800円
純資産	7400 （うち500万円は乙株式）	3552
株主資本	7400	3552

有田 存続会社の有する消滅会社の株式，すなわち税務や会計の世界でいう，**抱き合わせ株式**への割当ての可否の問題ですね。

金子 はい。ここでは，その抱き合わせ株式を問題にしようと思っています。

有田 旧商法時代の実務は割当てを認めていたようですが，会社法では，無理ですね。会社法第749条第1項第3号カッコ書で割当対象の株主から，「吸収合併存続株式会社を除く」と明記されました。

金子　そうですね。旧商法時代は，乙の株主が誰であろうと差を設けるのはおかしいなどといった理由で肯定されていましたが，私にいわせれば，旧商法時代の解釈自体が間違っていたというべきです。甲が甲に割り当てる合併を認めるなら，行き着くところ，甲が自己に割り当てる募集株式の発行（増資）さえ認めねばならなくなります。蛸が足を食うようなことを認めるべきではありません。

有田　会社法は，そのあたりを明文ではっきりさせたわけですね。

金子　はい。ですから，親会社が100％子会社を吸収合併する際は，必然的に無対価合併になります。

有田　旧商法時代の無増資合併のことですね。

金子　無増資合併というのは，株式を発行したら必ず資本金が増えた額面株式時代の用語です。平成13年10月の商法改正（いわゆる金庫株改正）以後は，無額面株式一本になりましたので，株式を発行しても資本金を増やす必要はなくなりました。ですから，あえて「株式を発行しない無増資合併」などといっていましたが，合併等を組織法上の「取引」と構成し，対価を柔軟化した平成18年5月の会社法施行以降は，**無対価合併**というのが普通です。

2　合併比率へは影響しない

金子　抱き合わせ株式に割り当てられないとすると，乙の割当対象株式数は300株（発行済株数400－抱き合わせ株式100）になりますから，乙の1株価値にも影響し，合併比率には影響しないのでしょうか。

有田　しません。乙の1株価値を300株で計算したら，甲に不利です。甲も乙の株主であることに代わりがありません。

金子　そうですね。甲も乙の株主だが，抱き合わせ株式に甲の合併株式を割り当てると自己株式の原始取得になるので割当てが禁じられてい

るのにすぎません。また，甲は合併により乙の株主資本額全部を承継するのであって，400分の300を承継するわけではありません。

有田　合併比率が仮に１：1.2だとすると，合併交付株数が480株（乙株数400株×1.2）から，360株（乙株数300株×1.2）になるだけですね。

金子　はい。「乙の１株に対して甲株式1.2株を交付する」はそのままで，「甲の有する乙株式には割り当てない」というだけです。

3　抱き合わせ株式簿価を控除

有田　その「甲は合併により乙の株主資本額全部を承継するのであって，400分の300を承継するわけではありません」というのは，読者に通じにくいですよ。

金子　はい。親子合併（たとえば70％子会社を吸収合併）などの計算と相違し，兄弟合併の場合は，乙の全部の財産（400株分）を合併で承継し，抱き合わせ株式100株への投資分（500万円）は前払い分として，それを控除するという会計処理の方法を採用します。

他の例で説明しましょう。兄弟会社関係にあるＡ社とＢ社の２社の合弁で，１億円でＣ社を設立しました。Ａの投資額は2000万円でＢのそれは8000万円でした。そのＣ社の純資産額は２億円になりました。ここでＡ社がＣ社を吸収合併するときは，Ａ社は２億円の８割（１億分の8000）である１億6000万円を承継すると計算するのではなく，２億円全部を承継し，先に投資した2000万円を控除した１億8000万円がＡ社の株主資本への影響額（株主資本等変動額）だということです。

こういう計算をしないで，８割に該当する１億6000万円の承継として計算すると，Ａ社の投資額2000万円が4000万円の価値になっている点を抱き合わせ株式の含み益の実現として，別計算しなければなりません。抱き合わせ株式がＣ社の過半数株式だなどという支配権付ならともかく，

単にちょっと合併消滅会社の株式を保有していたという程度では，1株も保有していない場合と同様に，まずは全部を受け入れる計算をし，そこから抱き合わせ株式の帳簿価額を一部前払い分（計算規則2条3項43号の先行取得分株式）として控除する計算が容易だといえましょう。

　有田　旧・会社計算規則第58条第2項第2号も，甲の株主資本変動額の計算にあたっては，乙の簿価株主資本額全体から抱き合わせ株式の簿価（吸収合併の直前に吸収合併存続会社が有する吸収合併消滅会社の株式の帳簿価額）を控除せよと規定していましたね。

　金子　本例でいうと，「乙の簿価株主資本額3552万円－抱き合わせ株式簿価500万円＝3052万円」が甲の株主資本等変動額であり，自己株式交付がないなら，そのまま株主資本等変動額になります。

　有田　その3052万円を甲の資本金，資本準備金，その他資本剰余金に配分することになるわけですね。

4　なぜ抱き合わせ株式簿価を控除するのか

　有田　基本的な質問ですが，なぜ抱き合わせ株式の簿価を控除するのかという疑問を持つ方も少なくないと思いますよ。

　金子　甲の貸借対照表が頭に入っていない方は，疑問に感ずるかもしれません。

　甲の貸借対照表の資産の部に「乙株式500万円」と計上されているわけですが，合併に伴い乙は解散消滅します。つまり，甲の保有する乙株式は紙くず同然になります。

　有田　合併で「乙株式500万円」が「乙株式0円」になるので，せっかく乙から3552万円を受け入れても，この500万円を差引きしないと，甲の儲けが正しく計算できないというわけですよね。

　金子　はい。「収入3552万円－支出500万円＝儲け3052万円」が株主資

本等変動額となります。

　有田　株主資本等変動額とは，合併会社の株主資本を増減させるものだから，合併対価となった株式に対応する分に限られ，現金などが対価とされた場合には，存続会社株式対価分の計算で，消滅会社の簿価株主資本額から対価簿価（株式以外の対価の帳簿価額）を控除しますが，抱き合わせ株式簿価はその対価簿価に準じて控除させているというわけですね。

　金子　はい。旧・会社計算規則第58条第2項が兄弟合併等の共通支配下合併の株主資本の計算を「イ．吸収型再編簿価株主資本額－ロ．吸収合併の直前に吸収合併存続会社が有する吸収合併消滅会社の株式の帳簿価額－ハ．吸収型再編対価簿価」としているのも，ロはハに準じていたからでしょう。準じているという意味は，抱き合わせ株式は合併対価として交付されるものではなく，合併の結果として減少するものだからという意味です。

　有田　改正後の現行会社計算規則では，対価自己株式簿価も対価として交付される株式以外の対価も，対価に準じる抱き合わせ株式簿価の控除も，会計基準に委ねられ，条文から削除され，控除後の結果が株主資本等変動額とされたわけですが，条文の簡素化に伴い，会計基準を知らないと正解に達しにくくなった点は否めません。

5　消滅会社が有する消滅会社株式の処理

1　消滅会社が有する消滅会社株式は無価値

有田　会社法第749条第1項第3号カッコ書では，割当対象の株主から，「吸収合併存続株式会社を除く」だけでなく，「吸収合併消滅株式会社を除く」とありますから，乙が保有する乙株式，すなわち乙の自己株式にも，甲の合併対価を割当てできません。

金子　当然です。乙が保有する自己株式は，乙の資本の払戻しがなされた株式であり，財産価値がありません。

有田　財産価値がないとは，どういう意味ですか。

金子　財産価値があれば，資産に計上されているはずですが，資産ではなく純資産の控除科目として計上されているということは，資本が払い戻されたのと同様であり，外部に処分されれば価値が復活しますが，乙が保有している限りは無価値の株式です。消却されたのも同様の状況の存在です。

2　合併比率へも影響する

金子　本書80頁でも触れましたが，本件の消滅会社乙（本書62頁参照）が自己株式100株（取得価額1000万円とする）を保有していた場合に，合併比率の計算では，乙の発行済株式の総数は300株で計算します。つまり，自己株式100株は消却されたのと同様に計算するわけです。

有田　さすがに詳しいですね。そのとおりです。それだけでなく，自己株式簿価1000万円なら，乙の株主資本の額も3552万円からそれを減額した2552万円です。すでにこの株主資本額の計算で自己株式が控除済です。それを発行済株式の総数である400株で除して1株価値を計算した

ら，会社の外に存在する乙株主に不利です。そんなに不利なら，さっさ
と自己株式を消却して，発行済株式の総数を300株にして1株価値を
アップし，合併比率を計算してほしいと思うことでしょう。

　金子　計算してみました。2552万円を400株で除すと，1株あたり6
万3800円ですが，300株で除すと，8万5067円です。仮に，発行済株式
の総数で除すのであれば，自己株式100株を消却してしまったほうが乙
株主に有利ですね。

【当事者甲と乙の概要】 （単位：万円）

	甲	乙
発行済株式の総数	1000株	400株 （うち100株は乙）
1株あたり簿価純資産	7万4000円	8万5067円
純資産	7400	2552
株主資本	7400	2552

　有田　ですから，消却せずとも乙の自己株式には合併対価を割り当て
ないし，合併比率計算上も除外するという結論になります。

　金子　仮に1株8万5067円を前提に簿価純資産額基準で合併比率を計
算すると，「甲：乙＝1：1.15」程度ですね。この合併比率で確定する
と，合併での交付甲株式数は，「300株×1.15＝345株」になります。

　合併契約には，「この合併で甲は345株を乙の株主（甲及び乙を除く）に
交付する」とか，「乙株式1株に対して甲株式1.15株を割り当てる。た
だし，乙の有する乙株式には割り当てない」などと記載することになり
ます。

　有田　合併で対価を割り当てられない乙株式には，甲の有する乙株式
（抱き合わせ株式）と，乙の有する乙株式があっても，割り当てない根拠
が相違しますから，合併比率への影響にも差があるということです。

6　消滅会社が有する存続会社株式の処理

1　消滅会社の財産にすぎない

有田　今度は，消滅会社乙が存続会社甲の株式を所有している場合ですね。

金子　はい。次のように，乙が甲の株式を所有していたとします。つまり，甲の株主として乙が存在するわけです。この場合に，甲が乙を吸収合併するとどうなりますか。

【当事者甲と乙の概要】　　　　　　（単位：万円）

	甲	乙
発行済株式の総数	1000株 （うち100株は乙）	400株
1株あたり簿価純資産	7万4000円	8万8800円
純資産	7400	3552
株主資本	7400	3552

有田　ぜひ，乙の貸借対照表でお考えいただきたいですね。甲株式は乙の財産にすぎません。乙の資産に計上されています。

金子　ですね。乙自身が発行した株式ではありませんから，合併新株の甲株式の割当対象にはなりません。

2　合併会社の自己株式になる

有田　乙の財産にすぎませんから，合併で甲株式も承継され甲の自己株式になります。

金子　その場合の自己株式の取得価額は無償というわけではないですよね。自己株式の取得価額（計上額）は，どうなりますか。

　有田　この合併では共通支配下の取引として簿価で財産が引き継がれますから，当然に乙の甲株式取得価額である簿価を引き継ぎます。乙が甲株式を取得したときに，1株5万円で取得したのなら，100株ですから500万円ということになります。

　金子　とすると，乙から承継する簿価株主資本額3552万円の中に自己株式500万円が加わっていることになりますから，最終的に甲の株主資本等変動額は500万円控除後の3052万円になるのですか。

　有田　つい，そう思ってしまいますが，そうではありません。乙の簿価株主資本額も株主資本等変動額も3552万円でよく，その計算の基礎にある受入れ資産の中に甲株式500万円が加わっていただけです。

　金子　ですね。次の図表中の①②のように，いったんは甲の資産に加算されますが（総資産1億5000万円），甲の財産になった途端に，甲の純資産の部の控除項目に移動すると考えれば（総資産1億4500万円），分かりやすいでしょう（甲に既存の自己株式はない前提とする）。

【乙の有する甲株式は甲の純資産の部に計上される】（単位：万円）

	甲	乙	合併後の甲
発行済株式の総数	1000株 （100株は乙）	＋480株	1480株
総資産	10000	5000 ①（甲株式500）	**14500**
総負債	2600	1448	4048
株主資本	7400		**10452**
資本金	5000		?
資本剰余金	5000	簿価株主資本	?
資本準備金	5000	3552	?
利益剰余金	△2600		△2600
利益準備金	200		200
その他利益剰余金	△2800	**資産から**	△2800
自己株式	－	②△500	**△500**

3　受入れ自己株式を消却すると

金子　この自己株式を受け入れると同時に甲の取締役会で消却するとどうなりますか。

有田　自己株式の消却は，既述しましたが，その他資本剰余金の減少となりますから（本書20頁），受入れ簿価株主資本の3552万円の全額を甲のその他資本剰余金に計上したとすると，この自己株式の消却で，その他資本剰余金は3052万円となります。

【乙の有する甲株式を合併受入れと同時に消却】　（単位：万円）

	甲	乙	合併後の甲
発行済株式の総数	1000株	＋480株	1480株 →1380株
総資産	10000	5000 ①（甲株式500）	14500
総負債	2600	1448	4048
株主資本	7400		10452
資本金	5000		5000
資本剰余金	5000		8052
資本準備金	5000		5000
その他資本剰余金	－	3552	3052
利益剰余金	△2600		△2600
利益準備金	200		200
その他利益剰余金	△2800	**資産から**	△2800
自己株式	－	△500	－

4　代用自己株式として用いると

金子　この受け入れた自己株式を受け入れると同時に合併対価として用いることもできます。

有田　いわゆる代用自己株式として用いるわけですね。合併対価は合併新株に限定されなくなりましたから，「代用」という用語は適切では

ありませんけど。

　金子　はい。さて，合併対価として用いるということは，株主資本等変動額を計算する際に，自己株式の簿価を控除するということでした（本書82頁参照）。したがって，この合併での甲の株主資本の変化は，「受け入れる株主資本額は3552万円だが，自己株式に△500万円が計上される。同時に，その自己株式が合併対価として用いられるため，株主資本等変動額は3052万円となる」ということになります。

　有田　とすると，その全額をその他資本剰余金に計上すると，最終結果は，受入れ自己株式を合併と同時に消却した場合と同じですね。

5　同時消却と代用自己株式利用との差

　金子　合併会社の最終的株主資本の状況としては，同時消却と代用自己株式利用との間に差がありません。もちろん，株主資本等変動額の全額をその他資本剰余金に計上するという前提の話ですが。

　有田　その相違は別のところにあるわけですね。

　金子　合併で交付する甲株式の部分に相違があります。合併新株として480株を交付し，受け入れた自己株式100株を消却したのか，合併対価として合併新株380株と代用自己株式100株を利用したのかの差であり，発行済株式の総数の変化の仕方が相違しますね。

【消却と代用自己株式との発行済株数の変化】

	甲	乙	合併後の甲の 発行済株式の総数
自己株式の同時消却	1000株	＋新株480株	1480株 **100株消却→1380株**
代用自己株式利用		＋新株380株 **＋自己株100株**	1380株

　有田　自己株式の同時消却の場合は，発行済株式の総数が1480株になって，自己株式の消却で1380株になったという 2 段階の登記をするのですか。

　金子　この点に関しては，平成15年 2 月中央経済社刊の拙著『これが新商法だ！ これが新登記だ！』79頁以下などに書きましたが，旧商法時代の実務の大勢は，そこまで細かいことをいいませんでした。自己株式の消却に関する取締役会議事録を添付せずとも，登記は受理されていました。もちろん，合併契約の内容として同時消却について定められていた場合の話です。合併新株の発行も自己株式の消却も発行済株式の総数をどうするかという一連の一括した行為であって，旧商法第409条第 2 号の「新株ノ割当ニ関スル事項」の内容に含まれるとでも考えられていたのでしょう。

　しかし，会社法の個別思考（合併は合併，自己株式の消却は消却）からは，今後は，登記も 2 段階にせよ，取締役会議事録も添付せよ，といわれることでしょう。

　有田　それだったら，自己株式の消却方式をやめて，最初から代用新株方式のほうが安全ですね。

　金子　はい。私もそう思います。のちほど，再説明しますが，子会社が存続会社となって親会社を吸収合併する場合には，必ず，この問題が生じますから，代用新株方式をお勧めします。

　有田　消滅会社が有する存続会社株式を代用新株に使うことについては，どこの法務局でも，問題なく大丈夫ですか。

　金子　都市部の商業登記に慣れている法務局では大丈夫です。それ以外の場合も大丈夫のはずですが，可能である旨の文献を添付すれば，問題ありません。

7 消滅会社が債務超過会社のとき

1 債務超過の受入れと合併対価の交付

金子 債務超過の兄弟会社を吸収合併するケースに移りましょう。

有田 会社法では合併が認められましたし，ニーズもありますね。

金子 次の図表のとおり，消滅会社は乙でなく丙としますね。混乱しますから。そして，甲と丙の状況が次だったとします。

【当事者甲と丙の概要】　　　　　　　　（単位：万円）

	甲	丙
発行済株式の総数 （親会社P所有株式数）	1000株 （親会社P800株）	200株 （親会社P150株）
1株あたり簿価純資産	7万4000円	△5万円
総資産	10000	5000
総負債	2600	6000
純資産	7400	△1000
株主資本	7400	△1000
資本金	5000	1000
資本剰余金	5000	1000
資本準備金	5000	1000
利益剰余金	△2600	△3000
利益準備金	200	－
その他利益剰余金	△2800	△3000

有田 丙の1株あたり簿価純資産がマイナス5万円ですか。どうやって合併比率を計算しましょうか。実務的にはどうしますか。

金子 ケースバイケースです。丙に将来性がなく，実質は丙を清算するための合併であれば，丙の少数株主（上記では50株所有）から親会社Pが株式を引き取り，丙を完全子会社にして無対価合併でしょう。

　有田　法律上は，現状のままでも無対価合併にできますよね。

　金子　できますけど，丙の少数株主との軋轢が生じかねませんし，丙の業績悪化は筆頭株主である親会社Ｐの経営責任というところもありますから，少数株主から有償で丙株式を引き取るほうが円満な解決になるでしょう。世の中，合理性だけでは割り切れません。

　有田　もし，丙が最先端の事業を営み，将来性はあるが資金繰りに苦しいので，甲と合併して再出発をしたいという場合はどうですか。

　金子　その場合は，将来の収益予想をもとに算定した企業価値をも考慮して甲と丙との合併比率を算定すればよく，何の問題もありません。

　有田　企業価値の算定には，資産価値を基準とする方法，類似業種との比較法，取引事例を根拠にする方法，投資価値（将来の収益）を基準にする方法などさまざまありますが，債務超過でも，つい最近，丙の株式が1株10万円で取引されたばかりだとか，カネは稼いでないが，将来は稼ぎそうだという青田刈りを考えると，この丙にも十分に価値を見いだせるから，丙が簿価債務超過だとしても，甲は合併対価を交付できるということですね。

　金子　もちろんです。合併比率と合併の計算は別次元の問題ですし，株式と資本も完全に切断されており，合併で資本金を増加できるほどの財産を受け入れられないとしても，合併株式の交付はできます。

　有田　このあたりが旧商法時代の資本充実原則で凝り固まった頭には理解できないのですよね。

　金子　ご指摘のとおりですが，もし甲の側の1株あたりの簿価純資産額が△10万円としたら，丙の1株価値は甲の2倍もあるともいえます。この場合に，甲株式を割り当てられないとしたら，実に不合理です。

　有田　債務超過でも募集株式の発行ができて，合併株式の交付ができないという理屈も変ですよね。

　金子　同じことですが，丙が存続会社になる合併は許されて，消滅会
社になる合併は許されないというのは，おかしいではないかという理屈
も成り立ちます。

　有田　なるほど。

　金子　とくに会社法では，債務超過の持分会社でも株式会社に組織変
更できることになりました。株式会社にはなれるけど，株式の発行はま
かりならんとすると，組織変更後の株式会社に株主が不在になってしま
います。

　有田　要するに，債務超過会社を吸収合併する場合にも，合併対価の
交付に違和感を持つなということですね。

　金子　そういうことです。確かに，実際には将来性もあるか疑問の債
務超過会社との合併もあるでしょうが，合併当事者が株主総会で，これ
でいいのだと決めたことですから，それが嫌なら，合併に反対して買取
請求権を行使すればよいので，合併自体を禁ずる必要はないでしょう。

2　合併対価の交付と株主資本の計上

　有田　合併自体は可能で合併株式を交付することもできるが，合併の
計算においては，共通支配下取引として簿価での財産の引継ぎになりま
すから，資本金は計上できませんよね。

　金子　本例でいうと，受入れ簿価株主資本が△1000万円です。理屈の
上では，資本金にたとえば500万円計上し，その他資本剰余金に△1500
万円を計上するなんてことも考えられるでしょうが，会社計算規則は，
こういう会計処理を認めていません。

　有田　会社計算規則第35条第2項ただし書に「株主資本等変動額が零
未満の場合には」，対価自己株式の処分差損の額を除いた額につき，甲
のその他利益剰余金が減少するとあります。

金子　合併取引は資本取引だという理屈からは，資本性勘定科目の減少ということになるでしょうが，他方で，出資金で構成される資本性勘定科目にマイナスはあり得ないともいえます。ですから，私の勝手な推測ですが，原理的にはその他資本剰余金にマイナス計上されるが，同時に剰余金の処分がなされ，その他利益剰余金に振り替えたのと同じだと考えています。

3　債務超過と会計処理方法

有田　以上の説明は，①共通支配下の合併取引（財産の簿価受入れ）であって，②対価が存続会社の株式だから，その他利益剰余金が減少するのだということの2点に注意してほしいですね。

金子　その②の問題ですが，対価が株式以外の場合は，簿価債務超過事業を受け入れても，その他利益剰余金は減少しないのですか。

有田　しません。対価の全部が株式以外のときは，存続会社の純資産額は増加も減少もしません。

金子　この算数を解ける人は，会社計算規則に強い人ですね。

有田　いわゆる「（差額）のれん」です。簡単にいえば，現金等の株式以外の対価と受入れ簿価財産額合計との差額につき，「のれん」を計上しますから，合併会社の純資産額は変動しません。

金子　株式を交付するから，合併会社の純資産の部の株主資本が変動するのであり，株式を交付しない限り，株主資本も純資産も従前どおりだということを忘れないでほしいですね。

有田　そのとおりです。なお，「株式を交付しない」という中には，無対価の捉え方次第で含む場合と含まない場合があります。

金子　現金0円の対価と同じに考えれば，差額にのれんを計上することになり，いや実質は有対価だと会社計算規則第36条第2項の適用を選

択した場合は，のれんの計上の余地はありません。

　金子　続いて，先ほどの①の問題ですが，共通支配下取引以外の合併，つまり，第三者間合併の原則であるパーチェス法なら，存続会社のその他利益剰余金が減少することはありませんか。

　有田　ありません。

　金子　消滅会社が時価でも債務超過という場合もありますよ。

　有田　パーチェス法というのは，対価である「存続会社株式の時価」（企業価値）を株主資本等変動額とするものです。確かに，消滅会社の財産を個別に時価で受け入れますが，その個別財産の時価合計がマイナスだったら，対価の時価との差額は，のれんを計上して調整します。

　金子　対価の全部が株式の場合でも，のれんが登場するのですか。

　有田　パーチェス法の場合は，のれんが登場します（計算規則11条）。「受入れ簿価株主資本＝交付する株式対価」という前提の簿価取引なら差額が発生しませんが，対価株式自体の時価（＝企業価値）と受入財産額の時価（＝個別財産の時価集積）との間には差が生じますので，差額を調整する必要があります。

　金子　実にややこしいですね。もっとも，パーチェス法の合併手続を依頼されることは少ないので，そう心配する必要はありませんが。

　有田　はい。以上は，共通支配下取引をより深くご理解いただくための説明でした。

完全子会社間&数社間合併の計算

① 合併比率は１：１か１：０（無対価）が普通

1 合併比率の意味がない

金子 100％子会社同士の甲乙合併の問題に入ります。

有田 なぜ，100％子会社同士の合併とそうでない場合の兄弟会社間の合併を区分けし，項目分けしたのですか。

金子 外部株主が存在しますと，合併比率の問題が大きくなりますが，完全子会社同士なら，どうでもよいからです。

有田 そこまでいいきれますか。１株あたりの簿価純資産比率でいえば，100：1のこともありますし，消滅会社がどうしようもない債務超過ということもありますよ。

金子 いいきれると思っています。

まず，親会社Ｐからすれば，左ポケットの甲と右ポケットの乙が合流し，左ポケットに一元化されても，子会社甲乙への投資額も現状の甲乙財産の合計価値も変わりません。株数が何株になろうと変わりません。

有田 甲の株主もＰ，乙の株主もＰですから，こちらで得をしても，他方で損すれば同じだからという理屈ですね。

金子 はい。甲の株主も乙の株主も完全に一致しますから，株主割当合併となり，誰かに不利益を被らせるということがありません。

次に，甲又は乙の債権者との関係ですが，合併比率というのは甲乙の株主間の問題であり，債権者とは無関係です。

有田 だから，古くから，100％子会社同士の合併では，１：１の合併比率が多かったのですね。

金子 はい。額面株式時代は，発行株数に応じた資本金を計上しなければならなかったため，資本欠損会社の吸収合併など合併比率１：１が

無理なケースも多かったのですが，平成13年10月に無額面株式に一本化されてからは，その制約もなくなり，合併比率１：１の合併が主流になりました。もっとも，すぐに１：０が主流になりましたけど。

2　合併比率１：０の法務

　有田　合併比率１：０というのは，本シリーズでの金子さんの命名でしたが（平成15年２月刊『これが新商法だ！ これが新登記だ！』78頁），無対価合併の意味ですよね。確かに，合併比率に意味がないとすれば，合併比率１：１も１：０も同じですね。

　金子　はい。これは画期的なことで，その第１号は，某上場会社の子会社同士の合併で，平成13年になされました。

　有田　それを実行した司法書士は，オレだと自慢したいわけですね。

　金子　昔の著書２冊で自慢済みですから，もう十分です。

　その最初の著書をみてくれたのでしょうか，平成15年10月29日には大阪証券取引所の上場会社が子会社間合併で合併比率１：０を実行すると発表しました。平成16年１月29日には，東京証券取引所に上場の広告業界大手が次のようなニュースリリースを発表しました。

【合併比率１：０の完全子会社間合併】

子会社合併に関するお知らせ

　当社の子会社である株式会社△△△，株式会社×××の２社は，平成16年１月29日開催の２社取締役会にて，平成16年４月１日をもって合併することを決議しましたので，下記の通りお知らせします。

記

(3)　合併比率

　合併当事会社はいずれも株式会社○○○の100％子会社であり，合併に際して存続会社となる株式会社△△△の新株式の割当交付を行いません。従って，合併比率の算定は行っておりません。

金子　法務局もこれを認め，当時，次のような回答が出されました。これで一挙に，完全子会社同士の合併の主流になりました。

【平成16年1月15日民商第83号民事局商事課長回答】

> ＜親会社を同じくする完全子会社間における新株を割り当てない吸収合併の登記について＞
> 別紙1
> 　存続会社と消滅会社の親会社が同じである完全子会社間の吸収合併について，消滅会社の株主である親会社に対して新株を割り当てない旨の記載がある合併契約書を添付してされた存続会社の合併による変更登記の申請は，受理して差し支えないと考えますが，いささか疑義がありますので照会します。
> 別紙2
> 　平成15年12月25日付け日記第633号をもって照会のありました標記の件については，貴見のとおりと考えます。

3　合併比率1：0の会計処理

有田　当時は合併の会計処理については，特別な規定がなかったのですが，いまは会社計算規則があります。

金子　ですが，会社計算規則の施行直後は，無対価のケースにつき何も規定されていませんでした。とすると，これは現金交付がゼロ円の無対価合併だということで，合併存続会社甲の株主資本には一切影響せず，のれんの問題になります。

有田　株式を一切交付しないのですから，株主資本には影響しないわけですね。

金子　ですが，合併比率1：0の根拠は，合併比率1：1などで合併し，同時に合併会社で株式併合を実施し，もとの株数に戻したのと同じだというものです。つまり，実質的には株式を発行しているのです。

有田　実質的には株式を発行しているとしても現実には株式を交付していないから，資本金を増加させることはできません。

金子　はい。合併を現物出資的に構成する会社計算規則第35条は適用の余地がありません。そこで，立法者は便法を考えました。消滅会社乙の資本金等をそのまま引き継ぐ旧・会社計算規則第59条を改正して，本件のような無対価を導入し，消滅会社乙の資本性科目（資本金・資本準備金・その他資本剰余金）の合計額を存続会社甲のその他資本剰余金に計上し（抱き合わせ株式簿価及び乙の自己株式簿価は控除する），消滅会社乙の利益性科目（利益準備金・その他利益剰余金）の合計額を存続会社甲のその他利益剰余金に計上することを認めたのです。現行の第36条第2項です。

有田　なるほど。株式を交付していないので資本金や資本準備金の計上は無理だが，企業合同型の会計処理の特則として，剰余金への計上を認めたわけですね。

金子　はい。本件の甲乙（本書62頁参照。ただし，甲乙は完全子会社間とする）でいえば，次のとおりです。

【計算規則第36条第2項による無対価合併の計算】 （単位：万円）

	甲	乙	合併後の甲
発行済株式の総数	1000株	**0株**	1000株
総資産	10000	＋5000	15000
総負債	2600	＋1448	4048
株主資本	7400	3552	10952
資本金	5000		5000
資本剰余金	5000		*7500
資本準備金	5000	資本性科目の	5000
その他資本剰余金	－	合計＋2500	**2500
利益剰余金	△2600		*△1548
利益準備金	200	利益性科目の	200
その他利益剰余金	△2800	合計＋1052	**△1748

★注：乙の資本金2000万円，その他資本剰余金500万円の合計額が甲のその他資本剰余金に計上され，乙の利益剰余金の合計額1052万円が甲のその他利益剰余金に計上される。

4 会社計算規則第36条第2項の無対価合併の適用範囲

有田 会社計算規則第36条第2項の無対価合併の部分を読みましたが，「吸収合併消滅会社における吸収合併の直前の株主資本等を引き継ぐものとして計算することが適切であるときには」とありますから，親会社が子会社を吸収合併する場合は除かれますね。なぜでしょうか。

金子 やはり，実質上は合併株式を交付したのも同様と評価される場合の合併比率1：0を適用対象としているからでしょう。第2項は，第1項の「吸収型再編対価の全部が吸収合併存続会社の株式又は持分である場合であって」を受けた規定ですから，対価の全部を株式にした場合と同等な場合です。親が子を吸収合併する場合は，実質的にも形式的にも株式自体を交付できません（会社法749条1項3号カッコ書）。

有田 親が子を吸収合併するケースを除いた原則的共通支配下取引の場合だとすると，子が親を吸収合併する場合なら構いませんか。

金子 完全子会社が完全親会社を吸収合併する場合で無対価なら，株主不在になりますから，無理ですね。

有田 残るは兄弟会社の合併ということになりますが，完全子会社同士の合併でなくとも構いませんか。

金子 もともとこの条項は完全子会社同士の合併を前提に設けられたものであるため明記はなされていませんが，それに限るといわれてきました。しかし，夫婦で甲と乙を経営し，甲・乙とも持株比率は夫対妻で同一比率（たとえば6：4）を有するなどという場合にも株主割当型合併として利用してもよいのではないでしょうか。迷った場合は，1株でも発行すればよいため，実例も少なく，正確なところは分かりませんので，ご了承ください。なお，平成30年税制改正により，この場合でも適格合併になるようですから，具体的事案が生じた際にはご検討する価値はあるでしょう。

5　のれんの計上か会社計算規則第36条第 2 項か

有田　先般，消滅会社の乙に少数株主が存在するが無対価を承諾しているので，計算規則第36条第 2 項の無対価合併が可能かと聞かれたのですが，いまの話だと無理のようですね。

金子　完全子会社同士でないと無理のようですから，そういう場合には，少数株主から無償で親会社が株式を引き取り，完全子会社同士の合併の形にしないと第36条第 2 項の適用は厳しいですね。

有田　第36条第 2 項が適用できないとすると，会社計算規則第11条に従い，のれんの問題となります。

金子　株式を全く交付しないわけですから，第35条の適用の余地はありませんからね。しかし，無対価というのは，完全子会社同士でない場合は，消滅会社が債務超過のことが多いと思います。

有田　でしょうね。

金子　たとえば，資産100，負債120とすると，資産のれんが20になります。

有田　のれんというのは，貸借を合わせるための調整弁の機能であり，資産にのれん20を加算しないとバランスしませんからね。これで，合併存続会社の受入れ純資産額は，プラスマイナス・ゼロになります。

金子　のれんの償却という問題は生じますが，とりあえずは純資産が減少しないというメリットがありますので，完全子会社間合併の場合でも，計算規則第36条第 2 項の無対価合併を強制（会計基準の立場）するよりも，のれんのほうがよいケースもありそうだなと思った次第です。

有田　のれんの計上は，将来の費用を意味しますから，中小企業であっても何年の期間にわたって定期的に償却していくのかを注記すべきですね。専門家においても，将来の利益圧縮要因になることを経営者に十分に説明すべきでしょう。

2 子会社同士の数社間合併の計算

1 完全子会社間合併は数社合併のことが多い

金子 完全子会社間合併の実務では，数社間合併が多いので，その点の注意点を簡単に触れておきましょう。たとえば，次の甲乙丙はすべてP社の完全子会社だとします。

【当事者甲乙丙の概要】 （単位：万円）

	甲	乙	丙
発行済株式の総数	1000株	400株	200株
1株あたり簿価純資産	7万4000円	8万8800円	△5万円
発行可能株式総数	4000株	1600株	800株
総資産	10000	5000	5000
総負債	2600	1448	6000
純資産	7400	3552	△1000
株主資本	7400	3552	△1000
資本金	5000	2000	1000
資本剰余金	5000	500	1000
資本準備金	5000	500	1000
利益剰余金	△2600	1052	△3000
利益準備金	200	500	－
その他利益剰余金	△2800	552	△3000

有田 この合併は，「甲＝乙間」合併と，「甲＝丙間」合併の2つであり，「甲＝乙＝丙」の合併とはいえないのでしたよね。

金子 はい。それが原則ですが，例外的に，乙か丙の1社でも脱落した場合は全部の合併が無に帰する趣旨での合併もありますから，念のため，合併契約上，その旨を断っておくのもよいでしょう。

有田 どうやって断るのですか。

金子　合併契約に，「①甲は乙と合併し，甲は存続し乙は解散する。②甲は丙と合併して，甲は存続し丙は解散する」と個別列挙し，「一方の効力は他方に影響しない」と書くか，「甲は乙及び丙と合併し，甲は存続し乙及び丙は解散する。ただし，甲乙合併又は甲丙合併の効力はそれぞれ個別に生じ，他方に影響しない」などと書きます。念のため，そういうことが書いてなくとも，会社法の発想自体が「AはA，BはB」という個別主義です。

2　資本金等の計上も会計処理も個別に検討

有田　個別主義で，甲＝乙合併と，甲＝丙合併の2つだとすると，資本金等についても，乙との合併で資本金○○○円を計上し，丙との合併で△△△円を計上するなどと個別に記載するわけですね。

金子　無対価合併でなければ，そういうことになります。資本金計上証明書も同じことになります。1枚にまとめて2つを書くこと自体は問題ありませんが。

有田　では，甲乙間合併は会社計算規則第35条に従い，甲丙合併は第36条に従うというのも可能ですね。

金子　もちろんです。それは，完全子会社間に限らず，甲乙間が第三者企業間であったらパーチェス法ということもあります。

有田　要するに，何社合併であろうと，甲乙間，甲丙間，甲丁間…と個別に検討すればよく，恐れることはないということですね。

金子　そういうことですが，乙が丙の株式を保有していた場合などという問題もありますので，実際には容易ではありません。

有田　乙が丙の株式を保有していた場合は，どう処理しますか。

金子　実務上は「乙の有する丙株式には合併対価を交付しない」などと合併契約で無対価を明記します。問題は，その際の会計処理ですが，

乙の財産から丙株式分を除外するのか，丙の財産からその分を控除するのかにつき，会社計算規則は何も触れていません。

　有田　なぜ，そんなことを問題にするかというと，甲乙間合併，甲丙間合併と個別に会計処理を検討し，株主資本を計上するからですよね。金子さんは，どちらだと思いますか。

　金子　これも抱き合わせ株式の一種と考えられますから（法人税法第24条参照），丙の財産から控除すべきでしょう。

　なお，本書は計算の基本編のつもりですから，これ以上，立ち入りません。

　有田　分かりました。最後にせっかく甲乙丙の概要を紹介したのですから，この合併で無対価ではなく甲株式を対価にしたとして，甲乙間では会社計算規則第35条に従い1000万円を資本金に計上し，甲丙間では，第36条に従い，丙の資本金1000万円を引き継いだとして，両者まとめての資本金計上証明書でもご紹介していただけませんか。

　金子　個別に2つ作るのではなく，まとめた場合ですね。最も簡単な内容でよいのでしたら，次でどうでしょうか。

【資本金の額の計上に関する証明書】

　　甲は乙との合併においては，会社計算規則第35条に従って，丙との合併においては，会社計算規則第36条に従って，下記のとおり決定したことを証明する。

記

(1)　甲の吸収合併直前資本金額	金5000万円
(2)　乙との合併で，株主資本等変動額3552万円の範囲内で合併契約の定めに従い定めた額	金1000万円
(3)　丙との合併で，引き継いだ丙の資本金の額	金1000万円
(4)　甲の吸収合併後資本金額　((1)+(2)+(3))	金7000万円

以上

第 **6** 話

子会社が完全親会社を吸収合併

1 受入れ自己株式の処理が重要

1 会計処理は兄弟合併と同じ

金子 まれに100％子会社が親会社を吸収合併する依頼がありますが，会計処理は兄弟会社間合併と同様ですから，そう心配する必要はありません。本書91頁以下をご参照ください。

有田 そんなことをいわずに，具体例を次のとおり作成しましたので，改めてご検討ください。もちろん，ここの甲はＰの完全子会社とします。紛らわしくなるので，甲とＰには自己株式が存在しないことにします。

【当事者甲と親Ｐの概要】　　　　　　（単位：万円）

	子・甲	親・Ｐ
発行済株式の総数	1000株	3000株
1株あたり簿価純資産	7万4000円	8万円
発行可能株式総数	4000株	12000株
総資産	10000	49000
		（うち甲株式1億円）
総負債	2600	25000
純資産	7400	24000
株主資本	7400	24000
資本金	5000	15000
資本剰余金	5000	－
資本準備金	5000	－
利益剰余金	△2600	9000
利益準備金	200	1000
その他利益剰余金	△2800	8000

有田 会計処理は兄弟会社間合併と同様だという意味は，会社計算規則第35条第1項第2号の共通支配下取引の原則的会計処理に従うという

ことですね。

　金子　はい。親が子を吸収合併する場合には，経営支配権付の抱き合わせ株式の処理という大きな問題が生じますが，子が親を吸収合併する場合には，その問題が生じません。

　有田　完全子会社が完全親会社を吸収合併する場合も，完全親会社が完全子会社を吸収合併する場合も，最終的に親会社の株主が合併会社の株主になる点は変わりませんね。

　金子　もちろんです。子が完全親会社を吸収合併する場合には子会社株式は自己株式となり，親が完全子会社を吸収合併する場合は，子会社株式が抱き合わせ株式として消滅するという差があっても，最後に議決権を有する株主として残るのは親会社株主のみです。

2　受入れ自己株式をどう処理するか

　有田　前例でいうと，親会社Pの保有する甲株式1000株は，Pの財産として甲に承継され，甲の自己株式になるということですね。

　金子　はい。親会社Pの会計帳簿に，甲株式1億円（甲の資本金額及び資本準備金額を合算）と計上されている場合には，その簿価を引き継ぎますから，存続会社甲の貸借対照表の純資産の部に，自己株式△1億円と計上されます。

　有田　株主資本等変動額には影響しないということでしたよね。

　金子　当然です。消滅会社Pの財産として承継したものですから…。ただ，その財産が甲からみて自己株式になったため，甲の純資産減少項目になったというだけです。受入れ時は価値ある財産だったのです。

　有田　ところで，合併比率はどう決めますか。合併新株数の決定に影響します。

　金子　何株でも構いません。誰かが損をするという場面ではありませ

んから…。通常は，消滅会社Ｐの株主に従来の株数を保有させるため，消滅会社の発行済株式の総数と同じ数だけ発行します。本件では，3000株です。ただし，既存の甲株式1000株を自己株式として消却しないと，発行済株式の総数は4000株になってしまいます。

　有田　資本金額も消滅会社の金１億5000万円に合わせますか。

　金子　別に合わせる必要はありませんが，合わせるためには，甲の資本金額が5000万円ですから，あと１億円必要です。消滅会社Ｐの簿価株主資本額が２億4000万円もありますから，合わせられますね。

　有田　では，Ｐからの受入れ簿価株主資本額２億4000万円中，資本金額に１億円を加算し，合併会社の資本金額を1億5000万円にしましょう。残り１億4000万円は，その他資本剰余金に計上しましょう。

　金子　以上の話では，とりあえずは，次の形になります。

【合併新株3000株の発行】　　　（単位：万円）

	甲	＋Ｐ加算	合併後の甲
発行済株式の総数	1000株	**＋3000株**	**4000株** （自己株1000株）
総資産	10000	49000 （甲株式１億円）	49000
総負債	2600	25000	27600
純資産	7400	24000 （甲株式１億円）	21400 （１億円分は相殺）
株主資本	7400		21400
資本金	5000	＋10000	**15000
資本剰余金	5000	＋14000	*19000
資本準備金	5000	－	5000
その他資本剰余金	－	＋14000	**14000
利益剰余金	△2600	－	△2600
利益準備金	200	－	200
その他利益剰余金	△2800	－	△2800
自己株式	－	△10000	**△10000

有田　以上は,「とりあえず」の形ですから, 同時に自己株式1000株, 1億円を消却しましょう。次の形になります。

【自己株式1000株の消却】　　　　　（単位：万円）

	合併後の甲		自己株式消却後の甲
発行済株式の総数	4000株 （自己株1000株）	➡	**3000株
総資産	49000		49000
総負債	27600		27600
純資産	21400		21400
株主資本	21400		21400
資本金	15000	自己	**15000
資本剰余金	19000	株式	*9000
資本準備金	5000	消却	5000
その他資本剰余金	14000	➡	**4000
利益剰余金	△2600		△2600
利益準備金	200		200
その他利益剰余金	△2800		△2800
自己株式	△10000	➡	**－

3　代用自己株式の利用方法

有田　発行済株式の総数が, 理屈の上では, 4000株になってから, 3000株になるというのも面倒そうですね。かといって, 代用自己株式方式だと相手は3000株で, こちらが1000株ではうまくいきませんね。

金子　こういう場合は, 甲で株式分割して3000株にすると便利です。もちろん, 乙株式3株に対して甲株式1株を割り当てる方式も乙株主がOKすれば, よい方法です。

有田　それはグッド・アイデアですね。そうすると, 受け入れる自己株式全部をそのまま合併対価として用いることができ, 新株式の発行も自己株式の消却も不要になりますね。

　金子　しかも，合併対価の全部が自己株式でも，資本金を1億円増加できます。この場合は，株主資本等変動額は1億4000万円（受入れ簿価株主資本額2億4000万円−自己株式簿価1億円）になります。もちろん，受入れ簿価純資産2億4000万円から合併対価たる自己株式1億円を控除した額です。

【自己新株3000株の交付】　　　　　（単位：万円）

	甲	＋Ｐ加算	合併後の甲
発行済株式の総数	3000株 **（株式分割後）**	−	3000株
総資産	10000	49000 （甲株式1億円）	49000
総負債	2600	25000	27600
純資産	7400	24000 （甲株式1億円）	21400
株主資本	7400		21400
資本金	5000	＋10000	**15000
資本剰余金	5000	＋4000	*9000
資本準備金	5000	−	5000
その他資本剰余金	−	＋4000	**4000
利益剰余金	△2600	−	△2600
利益準備金	200	−	200
その他利益剰余金	△2800	−	△2800

　有田　ひょっとして発行済株式の総数については，登記しなくてよいわけですね。

　金子　必要ありません。資本金額も増やさなければ登記不要です。ただし，「○○会社を合併」という登記はいかなる場合にも必要ですから，株式交換と相違し，完全に登記不要ということにはなりません。

第 **7** 話

親会社が子会社を吸収合併

1　完全親会社が完全子会社を吸収合併

1　合併対価を割り当てられない

　金子　親会社が100％子会社を吸収合併する例は非常に多いといえます。私も何度も経験済みです。

　有田　会社法では合併対価の交付は禁じられましたよね。

　金子　はい。抱き合わせ株式の処理の部分でも説明しましたが（本書84頁），自分が自分に割り当てる自己割当てになるので，禁じられました（会社法749条1項3号カッコ書）。

　有田　割り当てると自己株式の原始取得になり，適当ではないからですよね。

　金子　はい。他社が保有している当社の株式を合併で受け入れるのは，承継取得として許されますが，最初の株主が自己になる原始取得は許されません。こんなことが許されるなら，増資でも自己割当てが可能になってしまいます。

　有田　株主割当て増資でも，自己株式には割当てできないのですか。

　金子　もちろんです。会社法第202条第2項に「（当該株式会社を除く。）」と明記されています。

　有田　割り当てていけないのは，株式に限りませんよね。

　金子　株式であろうが現金であろうが，合併対価を交付できないということです。

2　会計処理は特別損益の問題となる

　有田　とすると，単に合併で子会社の財産を受け入れるだけですね。

　金子　同時に，子会社が合併解散し親会社の保有する抱き合わせ株式

（存続会社たる親会社が有する消滅会社たる子会社株式）が消滅します。

　有田　その会計処理はどうなりますか。

　金子　旧・会社計算規則第14条第5項には，「吸収合併存続会社が有する吸収合併消滅会社の株式の帳簿価額と吸収型再編簿価株主資本額（吸収合併存続会社の吸収合併消滅会社に対する持分に相当する部分に限る。）との差額は，利益又は損失に計上する」とありました。現行の会社計算規則には直接の規定がありませんが，現在も，企業結合会計基準及び事業分離等会計基準に関する適用指針第206項で同一結論です。

　有田　説明してください。

　金子　「吸収合併存続会社が有する吸収合併消滅会社の株式の帳簿価額」とは，いわゆる抱き合わせ株式の簿価です。「利益又は損失に計上する」とは，損益計算書の特別損益として計上されるという意味です。したがって，100％親子間では，抱き合わせ株式の簿価と受入れ簿価株主資本額との差額が特別損益に計上されるということになります。たとえば，1000万円で子会社を設立し，子会社の簿価純資産額（簿価株主資本額）が800万円に下がったところで，吸収合併すると，金200万円の特別損失となり，子会社の簿価純資産額（簿価株主資本額）が1200万円になったところで，吸収合併すると，金200万円の特別利益が計上されるという関係です。

　有田　その子会社が△500万円の債務超過になったところで，吸収合併すると，親会社の合計損失は抱き合わせ株式分を含め1500万円ですから，これが特別損失になるということですか。

　金子　1000万円を投資して，さらに500万円を損したのですから，そういうことになりますね。

　有田　こういう親子合併は，投資の発想をするのかもしれませんね。ついでですから，次のケースで検討してみましょうか。

【当事者Ｐと子甲の概要】 （単位：万円）

	親Ｐ	子甲
発行済株式の総数	3000株	1000株
１株あたり簿価純資産	8万円	7万4000円
発行可能株式総数	16000株	4000株
総資産	49000 （甲株式１億円）	10000
総負債	25000	2600
純資産	24000	7400
株主資本	24000	7400
資本金	15000	5000
資本剰余金	–	5000
資本準備金	–	5000
利益剰余金	9000	△2600
利益準備金	1000	200
その他利益剰余金	8000	△2800

　金子　検討するまでもありません。親Ｐが１億円出資し子甲を設立し，資本金に5000万円，資本準備金に5000万円を計上したのですが，現在の甲の簿価株主資本額は7400万円です。特別損失として抱き合わせ株式消滅損2600万円の計上です。

3　抱き合わせ株式消滅損と簡易合併の可否

　金子　ところで，有田さん，上記の親Ｐが子甲を吸収合併する際に，簡易合併が可能ですか。

　有田　簡易合併というのは，株主総会の開催が不要な合併のことで，会社法第795条第2項には，「承継債務額が承継資産額を超える場合」には，株主総会でその旨を説明する必要があるとありますから，簡易合併はできないのでしたよね（会社法796条2項ただし書参照）。

　金子　そうです。その問題です。上記の親Pが子の甲を吸収合併する際に，承継債務額が承継資産額を上回るかという質問です。

　有田　論点は分かっていますが，金子さんのご期待に答えた返答をしましょう。本件では，承継債務額が2600万円で，承継資産額が1億円ですから，資産超過であり，問題なく簡易合併の対象になります。

　金子　そうですよね。旧商法時代から，そういう取扱いでした。

　有田　しかし…。

　金子　そうなんです。超特大の「しかし」なんですよ。会社法第795条第2項第1号には，承継債務額及び承継資産額は法務省令で定めるとあります。その法務省令である会社法施行規則第195条によると，承継資産額とは，受入れ資産額のことではなく，合併直後の合併会社の総資産額から合併直前の総資産額を控除したものだと規定されています。とすると，合併直前の資産であった抱き合わせ株式の簿価が合併直後の総資産から消えてしまいますから，結局のところ，抱き合わせ株式消滅損が生じる吸収合併は簡易合併が不可ということになります。

　有田　なるほど。

　金子　私にいわせれば，抱き合わせ株式は，国語の意味からしても承継資産に含まれない，合併差損と抱き合わせ株式消滅損とは違う概念だと叫びたいところですが，**会社法では，合併差損を広義に捉えて，抱き合わせ株式消滅損を含む**と解釈したほうがよさそうです。

　有田　一時，上場会社が債務超過子会社に増資して債務超過を解消し簡易合併するという例が頻繁にありましたが，もう簡易合併は無理ということですか。

　金子　はい。この解釈が確定し，司法書士にも知れるようになったのは，平成20年1月です。金融財政事情研究会の「登記情報」1月号90頁に法務省の解説が掲載されてからです。それまでは，そういう論点があ

ることは，一部の専門家の間で知られていましたが，一般の理解では，債務超過子会社でない限り，簡易合併は可能と思われていました。しかし，もう無理です（連結配当規制適用会社を除く）。

　有田　買収した子会社を吸収合併する際などは，買収額が子会社の簿価株主資本額を上回るのが普通ですから，簡易合併は無理と思ったほうがよいですね。

　金子　はい。総会の開催が容易ではない上場会社などは，機動的な組織再編が困難ですね。合併で純資産額が減少するのだから当たり前だとはいえても，旧商法時代の運用との相違は，注意しておくべきですね。

4　資本金の額の計上に関する証明書

　有田　完全子会社との合併で合併対価を交付できないと，必然的に資本金の額を増やせませんが，合併登記の申請に資本金の額の計上に関する証明書の添付は不要ということですか。

　金子　その証明は会社計算規則に従って資本金を計上したという証明書ですが，0円でも計上といえるのかという問題もありますし，合併契約に増加資本金は0円と記載しておけば，それで十分でしょう。私は一度も添付したことがありません。ただし，申請書の添付書面の欄に「資本金の額の計上に関する証明書」という項目を記載し，その下に「資本金は増加しない（ため添付省略）」などといった断り書きをするようにしています。

　有田　承知の上で，これこれしかじかの理由で添付しないのだと断っているわけですね。

　金子　はい。決して添付を忘れたわけではありませんという説明でもあります。

2　親会社が不完全子会社を吸収合併

1　非100％子会社を吸収合併

有田　ここでいう不完全子会社とは，70％子会社など，親会社以外の株主が存在する子会社の場合ですね。

金子　不完全子会社という表現があるのかはともかく，そのつもりで命名しました。

有田　実務上はこういう合併は多いのですか。

金子　少ないと思います。私自身，経験した記憶がありません。なぜなら，こういうケースの場合には，親会社が他の株主から株式を引き取り，完全子会社にしてから合併することが多いからです。

有田　今後あるとしたら，どういうケースでしょうか。

金子　ただいまの現金引取りがむずかしいケースでしょう。たとえば，他の株主が数十名だったらどうしますか。中には，数名が売りたくないというかもしれませんよ。

有田　連絡を取れない株主もいるかもしれませんしね。

金子　こんな場合には，個別交渉の株式の買取りよりも，多数決でできる現金交付合併のほうが容易でしょう。Ｐの有する甲株式には合併対価を交付できませんから（会社法749条１項３号カッコ書），他の株主の有する甲株式に対して，１株あたり金〇〇円の現金を交付するだけです。

有田　なるほど。こういうケースには，合併対価を現金にすると効果的ですね。もっとも，いざという場合には，税務上の見地から，株式買収と現金合併の比較も必要でしょうけど。

金子　いずれにしろ，外部株主がＰの株主にならないというメリットがあります。

2 受入れ財産の評価と合併対価

有田 こういう親会社が子会社を吸収合併する場合も，財産の受入れは簿価ですよね。

金子 共通支配下取引の原則に従い，簿価引継ぎです。

有田 そうすると，外部の少数株主に不利ではないでしょうか。せめて，少数株主分は時価で評価しないと気の毒に思います。

金子 うまい質問ですね。財産は簿価で引き継いでも，合併対価は受入れ財産の簿価では計算しないということをいわせたいわけですね。

対価がP株式のときは，甲株式との比較で決めればよいでしょうが，対価が現金のときは甲の企業価値で決めなければ，少数株主に気の毒です。しかし，財産の受入れは簿価です。対価の評価とは別問題です。

3 独特な会計処理

有田 親が子を吸収合併する場合は，共通支配下取引でも独特な会計処理ですよね。

金子 はい。子会社を3つの会社に分けます。①親会社P持分だけの会社，②中間子会社（親会社と同一グループ会社等）が有する持分だけの会社，③Pグループの外にある少数株主持分の会社です。そして，①については完全子会社を吸収合併する場合と同様に，抱き合わせ株式消滅損益の問題とし，②については兄弟合併と同一の会計処理にし，③については，パーチェス法に準じた会計処理にします。

有田 金子さんのいう区分法処理ですね。

金子 はい。なお，本書は日常的によくある事例を中心にした本にしたいので，区分法の詳細説明は省略させていただきます。

有田 ご興味のある方は，組織再編に関する先生の著書をみてくださいということですね。

第8話

会社分割の計算

1 分社型新設分割

1 分社型新設分割は親子会社創出型

　有田　新設分割には，分社型と分割型の2種類がありますが，現実には圧倒的多数が分社型のようですね。

　念のため，分社型と分割型の大きな相違につき，説明してください。

　金子　簡単にいえば，分社型は親子会社創出型であり，分割型は兄弟会社創出型です。旧商法時代からの慣例で，前者を物的分割，後者を人的分割ということもあります。

【分社型新設分割と分割型新設分割】

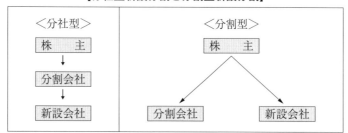

　有田　絵でみると，分割型のほうが多そうにみえますが，なぜ，分社型のほうが多いのでしょうか。

　金子　分割型は，法人自体が複数に分解し，ちょうど人格合一型の吸収合併の逆の形に近いのですが，これだと分割元（分割会社という）の財産が減少し，資本金額の減少などを検討しなければなりません。また，債権者保護手続が必須とされ，手続上も面倒だからです（会社法789条1項2号）。

　有田　分社型は債権者保護が不要のことがあるのですか。債務は移転させるのが普通だと思いますが。

　　金子　移転させても，分割会社が移転債務につき併存的（重畳的）債務引受（一種の連帯債務の負担）をすれば，債権者は分割会社にも債権を請求できますので，この場合には不要になります（会社法789条1項2号）。上場会社の分社は，この方式が多いですね。

　　有田　併存的債務引受ですか。連帯保証でもよいと聞きましたが。

　　金子　連帯保証でも，債権者は分割会社にも債権を請求できますので構いません。ただし，債権者と個別に連帯保証契約したことを証明しないと登記が受け付けられないという意見がありますので（商事法務研究会刊・松井信憲著『商業登記ハンドブック〔第4版〕』571頁），避けたほうがよいでしょう。全債権者と契約を締結するのも，事実上困難ですし…。

　　有田　併存的債務引受は，債権者と契約しなくてよいのですか。

　　金子　契約相手のいない新設分割でも可能であり，分割会社が既存債権者に対して引き続き債務を負担するものですから，債権者の承諾は不要です（民法470条3項の併存的債務引受とは局面が相違します）。

2　分社型は事業の現物出資に類似

　　有田　分社型はどういうケースに使われますか。

　　金子　甲事業と乙事業の2つを営むP社が2つの事業をそれぞれ同時に分割し，自らを持株会社にするとか（抜け殻方式），甲事業だけ分割し，事業別の独立採算制にするなど，中小企業でも増えています。

　　有田　事業を外に出して新会社を設立するわけですから，事業の現物出資に似ていますね。

　　金子　似ています。ただし，新設分割は組織再編の一種ですから，出資事業の全額を資本金と資本準備金にするという制約はありません。その他資本剰余金にも計上できます（計算規則49条）。

　　有田　新設分割でできあがった会社は分割会社の100％子会社になる

わけですから，会計上は共通支配下の取引と同様ですね。

　金子　そう考えて問題ないと思います。会社計算規則第49条も簿価で財産が移転することを前提に規定しています。

　有田　マイナス事業（債務超過事業）の分社も許されますね。

　金子　会社計算規則第49条第2項ただし書に「株主資本等変動額が零未満の場合には」，その株主資本等変動額が設立時のその他利益剰余金の額（負の値）になるとありますから，債務超過事業の分社も当然に許されます。

　有田　△＊＊円とその他利益剰余金に計上されるわけですね。

　何度も問題にしますが，事業の現物出資の発想をする限り，資本性勘定科目への計上のはずですが，資本金・資本準備金・その他資本剰余金にはマイナスがあり得ないという発想なんでしょうね。

　そうすると資本金も資本準備金も当然に0円ですね。

　金子　はい。資本金に計上できるプラスの純財産がないため，新設会社の資本金額は当然に0円になります。

　有田　そういう事例はありそうですね。

　金子　私は何度か経験済みです。事業価値としてはプラスだろうと思うのですが，分割会社に計上されていた帳簿価額のまま財産を移転しますから，債務超過事業の新設分割になり，出資の発想をする限り，0円以外に資本金を計上できないわけです。

　有田　資本金0円で，登記は円滑に受理されましたか。

　金子　こういう変わった登記の場合には，文献の抜粋や説明書を意識的につけるようにしていますので，円滑に受理されました。

　有田　先ほどの「株主資本等変動額が零未満の場合には」の「株主資本等変動額」とは，分割会社から出される資産と負債の差額である簿価での純資産額と考えてもよいですね。

金子　分割会社発行の新株予約権でも承継しない限り，それで構いません。ごく普通の会社にあっては，「分離される簿価株主資本＝簿価純資産額＝株主資本等変動額」でしょう。

3　実際の分社の計算

有田　それでは，例によって，想定事例で検討しましょうか。

次のＰは建設事業と不動産管理事業を営んでいるとして，不動産管理事業を分社しましょう。その移転する事業資産は２億円，事業負債は１億5000万円とします。新会社の社名はＳとします。

【Ｐは分社してＳを設立】　　（単位：万円）

	P	Sの分割後のP	S
発行済株式の総数	4000株		？株
総資産	49000	29000 ＋Ｓ株式5000	20000
総負債	25000	10000	15000
純資産	24000	（不変）	**5000**
株主資本	24000		**5000**
資本金	15000		？
資本剰余金	－		？
資本準備金	－	（不変）	？
その他資本剰余金	－		？
利益剰余金	9000		0
利益準備金	1000		0
その他利益剰余金	8000		0

金子　いとも簡単じゃないですか。上記に答えを書いてしまいました。要するに，簿価純資産額5000万円（資産２億円，負債１億5000万円）の現物出資と同じだが，5000万円が資本金と資本準備金になるとは限らないというだけです。だから，「？」にしておきました。

　有田　利益準備金やその他利益剰余金には，「？」がついていませんよ。０円になっています。

　金子　吸収合併のときに話しましたが，出資の発想での会計処理ですから，簿価株主資本がマイナスでない限り，利益性科目に計上されることはありません。

　有田　そうですね。吸収合併では，会社計算規則第35条が出資の発想に基づく規定でした。会社計算規則第49条は，その新設分割版ということですね。

　ところで，ここは新設型の組織再編ですが，やはり資本金への計上額は，０円でも構いませんか。

　金子　会社計算規則第49条は限定していませんから，資本金０円，資本準備金０円で，受入れ簿価株主資本額の全額をその他資本剰余金に計上することもできます。債権者保護手続をしない場合も制限していません。たぶん，株式交換と相違し，財産自体を直接受け入れる行為で，かつ組織を再編・再構築する場面だから，純粋の設立に合わせる必要はないという政策的配慮でしょう。新会社設立でもありますし。

　有田　債務超過事業の分割でなくとも，新設分割で資本金を０円にするニーズがあるのでしょうか。

　金子　私は，これも登記で経験済みです。顧客がそれで十分というので，とくに反対はしませんでした。目立っていいかもしれませんよ。

　有田　新設型組織再編で，資本金０円でも，やはり資本金の額の計上に関する証明書は不要ですか。吸収型組織再編では，受け皿会社の資本金の増加の問題になりますので，その証明書は不要でしょうけど。

　金子　商業登記法第86条第４号によると，「資本金の額が会社法第445条第５項の規定に従って計上されたことを証する書面」の添付が必要とされていますが，０円でも計上したことになるのかという問題がありま

す。０円もりっぱな資本金額であると考えれば，必要でしょうが，新設分割計画に資本金０円と明記したのなら，それで十分だといえないでしょうか。私は，添付書面の欄に「資本金は０円のため添付省略」と断り書きで対処していますが，いまのところ，都内の大手法務局では，これで成功しています。地方の法務局ではどうなるかは分かりませんから，書面の準備だけはしておいたほうがよいでしょう。

　なお，たとえば，本件で1000万円を資本金に計上したら，次のような書面を添付すれば十分でしょう。

【資本金の額の計上に関する証明書】

　　当会社の設立時資本金の額については，新設分割会社である株式会社Ｐが会社計算規則第49条に従って，下記のとおり決定したことを証明する。

記

株主資本等変動額	金5000万円
上記の範囲で新設分割計画に従い定めた設立時資本金額	金1000万円

以上

4　株式の特別勘定

　有田　ここで分割会社側の会計処理について触れておきましょう。

　分割会社では，対価として株式を取得しますが，その計上額は，会社からでていった簿価株主資本額ということでよろしいですね。

　金子　はい。本件でいえば，分割会社Ｐの資産の部に「Ｓ株式5000万円」と計上され，資産と負債には変動があっても，Ｐの純資産額は従来どおりということになります。

　有田　債務超過事業，たとえば純資産額で△5000万円の事業を分割した場合に，分割会社Ｐの資産の部に「Ｓ株式△5000万円」と計上されるのですか。

　金子　資産の部は，プラス財産しか計上できません。では，どうする

かというと，会社計算規則第12条に規定があります。

【株式価額を負債の部に計上】

> 第12条　会社は，吸収分割，株式交換，株式交付，新設分割，株式移転又は事業の譲渡の対価として株式又は持分を取得する場合において，当該株式又は持分に係る適正な額の特別勘定を負債として計上することができる。

　有田　意味不明です。

　金子　でしょうね。会社計算規則は改正によって規定が簡素化され，何を定めているのかよく分からなくなりました。有田さんのような会計の専門家なら，企業会計基準をみればよいのでしょうが，われわれ法律家は改正前の旧・会社計算規則をみたほうが早いでしょう。内容的には実質的な変更はありませんから。

　有田　旧・会社計算規則でいうと，第32条ですね。

　金子　はい。それによると，「簿価株主資本額が負のときは，０円からその負の値を控除した額を負債の部に計上する」といった内容が規定されています。現行法流にいうなら，株主資本等変動額が負なら，対価として受領した株式の価額を負債に計上するということです。

　有田　株主資本等変動額が△5000万円なら，Ｐの負債に5000万円と計上するわけですね。

　金子　はい。これを株式に係る特別勘定といいます（ただし，本書193頁参照）。

　有田　最後に，計算とは無関係ですが，新設会社の発行済株式の総数は，分割会社が勝手に決めて構いませんね。

　金子　１株でも１万株でも，資本金計上額とは一切無関係に決めて構いません。発行可能株式総数も，新設会社が非公開会社であれば，発行済株式の総数の４倍以上に設定できます（会社法113条参照）。

2 分割型新設分割

1 分割型の基本は分社型

有田　分割型の構成というか仕組みが旧商法と異なりましたよね。

金子　次の図のとおりです。

【旧商法の分割型と会社法の分割型】

有田　新設会社Sの株式が分割会社Pの株主に直接交付されるか（旧商法），分割会社経由で交付されるか（会社法）という相違ですか。

金子　はい。旧商法時代の分割型（人的分割）は，吸収合併と同様に相手会社の株主に直接割り当てるものでしたが，会社法では，S株式は分割会社Pに割り当てられ，その割当てを受けた分割会社Pが株主に株式配当として交付するものになりました。もっとも，ここでいう株式配当は，自社株式ではなく他社であるS社の株式です。S株式をPの株主に交付する方法には，剰余金（金銭とは限らない）の配当として交付する方法と分割会社P発行の全部取得条項付種類株式の対価として交付する方法があります（会社法763条1項12号）。

有田　とすると，会社法での分割型新設分割は，分社型が基本で，単に受取り株式を株主に分配するものだということですか。

金子　はい。「分割型＝分社型＋剰余金の分配」という2つの合成行

為です。ですから，「分割会社Pの株式1株に対して新設会社Sの株式何株を割り当てる」といった吸収合併契約のような決まり文句は不要で，「分割会社Pに何株を割り当てる」という表現で足ります。

　有田　剰余金の分配となると，分配可能額の制限もあるのですか。

　金子　組織再編行為ですから，会社法第812条で適用されません。

2　会計処理も「分社型＋剰余金の分配」

　有田　「分割型＝分社型＋剰余金の分配」ということなら，会計処理も，まずは分社型，次は剰余金の分配ということですか。

　金子　そうだともいえるし，違うともいえます。そうだともいえるという意味は，分割型でも会社計算規則第49条を適用できるからです。分割対価の全部が新設会社の株式で出資の発想をしたくない場合には，会社計算規則第50条の適用を選択できます。要するに，**分割型には2種類があるということです。第49条適用型と第50条適用型です。**

　まずは，「分社型＋剰余金の分配（第49条適用型）」について実際例で把握してください。先ほどの分社型は，次の内容でした。

【PはSに分社】 （単位：万円）

	P	分割後のP	S
発行済株式の総数	4000株		？株
総資産	49000	34000 （うちS株式5000）	20000
総負債	25000	10000	15000
純資産	24000	24000	**5000**
株主資本	24000	24000	**5000**
資本金	15000	15000	？
利益剰余金	9000	9000	0
利益準備金	1000	1000	0
その他利益剰余金	8000	8000	0

有田　そうでした。

金子　このＳ株式5000万円をＰの株主への配当にし，見返りにその他利益剰余金8000万円から5000万円減らしましょう。次のようになります。なお，このＳ株式の分配も剰余金の配当ですが，会社法第445条第４項は適用されないため（会社法792条，同812条），その１割を準備金に積み立てる必要はありません。

【計算規則80条と株式の分配】　　　　　　　　　　　（単位：万円）

	分社直後のＰ	分配後のＰ
総資産	34000 （うちＳ株式5000）	**29000
総負債	10000	10000
純資産	24000	**19000
株主資本	24000	*19000
資本金	15000	15000
利益剰余金	9000	*4000
利益準備金	1000	1000
その他利益剰余金	8000	**3000

有田　なるほど。分社で受けた対価たる株式を剰余金として分配したから，貸借対照表の借方からＳ株式が減少し，貸方からその他利益剰余金が減少するわけですね。

金子　はい。現金が借方から減少し，剰余金が貸方から減少するのと同じです。なお，その他資本剰余金を減少させるか，その他利益剰余金を減少させるかは会社の自由であって，必ず，その他利益剰余金を減少させるとは限りません。

有田　その他資本剰余金も当然に分配対象になりえるということですね。読者は分かっていますから，次に進んでください。

金子　これに対して，株主資本等を引き継ぐものという発想である会

社計算規則第50条では，新設会社Ｓの株主資本の項目につき，分割会社Ｐから引き継ぐ会計処理になります。

　有田　資本金等を引き継げるのですか。

　金子　比喩です。分割会社Ｐで減らした分を新設会社Ｓに計上するということです。逆にいえば，Ｓの設立時の資本金額，資本準備金額，その他資本剰余金額，利益準備金額，その他利益剰余金額を先に決めて，それに対応してＰのほうを減少するということです。次の図です。

【会社計算規則第50条（分割型新設分割）】

分割会社の株主資本	分割会社の減少額	新設会社の株主資本
資本金	△　Ａ円	Ａ円
資本準備金	△　Ｂ円	Ｂ円
その他資本剰余金	△　Ｃ円	Ｃ円
利益準備金	△　Ｄ円	Ｄ円
その他利益剰余金	△　Ｅ円	Ｅ円

　有田　利益性の勘定科目も引き継げるとなると，確かに出資の発想である第49条とは無縁ですね。

　金子　有田さん，Ｓで受け入れた5000万円を各勘定科目に適当に配分してください。

　有田　それでは，そのうち3000万円を資本金に計上しましょうか。

　金子　それを分割会社Ｐの資本金１億5000万円から3000万円分を引き継いだと発想するのが会社計算規則第50条です。

　有田　なるほど。では，資本準備金等については，分割会社に計上されていないので，5000万円を下記のとおり配分しましょう。

記

　１．資本金額　　　　　　　3000万円

　２．利益準備金額　　　　　　1000万円

　３．その他利益剰余金額　　　1000万円

　金子　もうお分かりのとおり，会社計算規則第50条の分割型は，吸収合併の第36条が法人格の企業合同型（貸借対照表の合算型）だとすれば，ここは法人格の分割型です。いい換えれば，**分割会社の貸借対照表を2つに分けたと考えます**から，有田さんの指定した科目が指定どおりに減少あるいは増加します。

　次の図で，分割後のPと新設会社Sの貸借対照表を合算してみてください。元のPの貸借対照表に戻ります。「分割前のP＝分割後のP＋新設会社S」ということです。

【計算規則50条と受領株式の分配】　　　　（単位：万円）

	P		分割後のP		S
総資産	49000		29000		20000
総負債	25000		10000		15000
純資産	24000		19000		5000
株主資本	24000	=	19000	+	5000
資本金	15000		12000		3000
利益剰余金	9000		7000		2000
利益準備金	1000		－		1000
その他利益剰余金	8000		7000		1000

　有田　その第50条第2項に「新設分割会社における新設分割に際しての資本金，資本剰余金又は利益剰余金の額の変更に関しては，法第2編第5章第3節第2款の規定その他の法の規定に従うものとする」とありますから，資本金額が3000万円減少することについて，会社分割の手続とは別に資本金の額の減少手続が必要なのですか。

　金子　第50条の分割型では必要になります。それだけでなく，利益準

備金1000万円の減少手続も必要となります。だから，この規定は使い勝手が悪いといえます。

　　有田　確かに面倒ですね。

　　あれ，Ｓ株式の分配問題は，どうなりましたか。

　　金子　ただいまの図表は分配後の内容です。順に説明しましょう。

　　Ｐの資本金額が3000万円減少しましたから，その他資本剰余金が3000万円増加しました。利益準備金が1000万円減少しましたから，その他利益剰余金が1000万円増加しました。その他利益剰余金は合計で9000万円になりました。ここまでは，よろしいですか。

　　有田　はい。ただいま，減資等の結果，その他資本剰余金が3000万円，その他利益剰余金が9000万円になりました。

　　金子　そのとおりです。ここで，その他資本剰余金3000万円全額，その他利益剰余金から2000万円を配当原資にし，貸借対照表の借方からは，Ｓ株式5000万円を減少させます。さぁ，どうなりますか。

　　有田　純資産は１億9000万円になり，その他資本剰余金は０円，その他利益剰余金は7000万円になります。

　　金子　先ほどの図表は，そうなっていますね。

　　有田　仕訳で順に追って行くと，この関係が分かりやすそうですね。

　　金子　仕訳を使うと，法律関係の方が分かりにくいようです。

　　有田　本書は，会社の計算の入門実務書ですから，あまり例がなさそうな分割型に深入りするのも避けたほうがよいかもしれませんね。

　　金子　はい。計算アレルギーを蔓延させるのは本意ではありません。

③　分社型吸収分割

1　分社型吸収分割は他社への現物出資に類似

有田　吸収分割にも，分社型と分割型の2種類がありますが，現実には，やはり分社型が多いのでしょうか。

金子　分割型では財産が減少しますし，場合により新設分割のところで述べたように資本金の額の減少手続が必要であったりの面倒さがありますから，分社型が圧倒的多数だと思います。他社への事業の現物出資のようなものですから，理解しやすいです。

2　新設分割との比較で会計処理の特徴

有田　分社型吸収分割も分社型新設分割の会計処理とほぼ同様と考えて差し支えありませんか。

金子　いえ，分社型新設分割は子会社の創設であり，共通支配下関係の会計処理でしたが，分社型吸収分割は既存の他社との関係ですから，吸収合併と同様に，グループ外との関係では，パーチェス法，共同支配企業の形成，逆取得を検討し，共通支配下関係では，兄弟間，親子間を検討しなければなりません。したがって，どちらかといえば，吸収合併の会計処理との平仄を意識したほうがよいでしょう。

有田　会社計算規則第37条は出資型会計処理で吸収合併の第35条に対応しており，第38条は吸収合併の第36条に対応していますね。

金子　はい。吸収合併の第36条は資本金等の株主資本の結婚・合算型であるのに対し，吸収分割の第38条はその離婚・分割型になります。無対価についても吸収合併の第36条第2項と対比した第38条第2項が設けられています。

3 第三者間の分社型吸収分割

有田　吸収合併では，第三者間での合併は合併後に軋轢が生じやすいので少ないとの話でした。吸収分割でも同じですが，吸収合併ほどではないですね。

金子　人が移動しない吸収分割もありますから，吸収合併ほどではありません。

有田　ということは，時価での財産承継がなされるということになります。

金子　第三者間の吸収分割取引で，吸収分割会社をA，吸収分割承継会社をBとすると，BがA事業を受け入れ，Bの経営支配権に移動が生じなければ，BはA事業財産を時価で受け入れ，Bの株主資本は対価たるB株式の時価評価額で変動します。吸収合併でいえば，Bが合併存続会社で，Aが合併消滅会社の立場ですから，ABを逆転して考えないでください。

有田　その吸収分割で，Bの経営支配権がAに移ってしまったら，いわゆる逆取得となり（本書50頁），簿価移転ですね。

金子　はい。Bの既存株主とAとが契約でBを新合弁会社にするなら，共同支配企業の形成です（本書50頁）。

4 兄弟会社間の分社型吸収分割

有田　吸収合併と同様に，子会社同士の吸収分割が多いようですが，やはり簿価での財産の移動ですね。

金子　共通支配下取引の典型例ですから，そういうことになります。

有田　対価はやはり株式ですか。

金子　私は，現金対価を経験しました。たぶん，共通の親会社Pが分割承継会社を100％子会社のままにしておきたかったからでしょう。子

会社のＡＢにおいて，ＡがＢに吸収分割し，対価としてＢ株式がＡに交付されると，Ｂの株主としてＡが登場し，グループの資本政策上，まずいという判断ではないでしょうか。

　有田　なるほど。そういう問題が生じますね。でも，もし，Ｂに外部の少数株主等が存在したら，株主としてＡが加わっても，不自然ではありませんね。その場合も，やはり共通支配下取引ですから，財産は簿価移転ですね。

　金子　もちろんです。Ａがある事業（資産100，負債80）を兄弟会社のＢに吸収分割し，Ｂが新株を発行すれば，Ｂでの株主資本変動額は20で，Ａは事業の見返りにＢ株式20を資産に計上することになります。単純な足し算の世界がここでも生きています。

【Ａ社から簿価株主資本20がＢ社に移転】

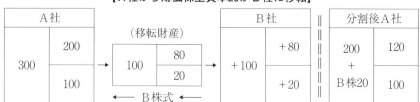

5　兄弟会社間の無対価分割の問題点

　有田　もし，ＡＢがＰの100％子会社だとしたら，吸収合併と同様に無対価でなされることが多いのですか。

　金子　そのとおりです。Ｂが対価として株式を発行し，ＡがＢの株主になると，Ｂの株主はＰとＡの２社になりＰの100％子会社でなくなるため，これを避けるためです。

　有田　なるほど。

　金子　この場合の利益状況ですが，まず，親会社Ｐにとっては，左のＡというポケットから右のＢというポケットに財産が移転しただけで何

の損得もありません。親会社にとっては，完全子会社間の無対価取引は，不利ではありません。

　しかし，Aの債権者の立場を考えてください。ただで財産を渡して見返りがないのと同じです。

　有田　会社計算規則第38条第2項でいうと，どうなりますか。

　金子　この吸収分割で分割会社であるAが資本金や準備金を減少させる手続をすることはなく，その他利益剰余金を減少させます。上記のA社が資産100，負債80の簿価株主資本20をB社に移転した例でいえば，Aでは資産から100，負債から80が減少し，株主資本からその他利益剰余金20が減少し，それらがBに計上されるということになります。これでは，Aの債権者にとっては面白くありません。

　有田　吸収分割は債権者保護手続がなされるから，よいのではありませんか。

　金子　ついそう思ってしまいますが，Aに債権を追及できる残存債権者には保護手続がなされません。だから問題なのです。会社法第789条第1項第2号も，分社型吸収分割にあっては，「吸収分割後吸収分割株式会社に対して債務の履行を請求することができない吸収分割株式会社の債権者」が保護対象だと規定しています。

【分割会社の債権者保護】

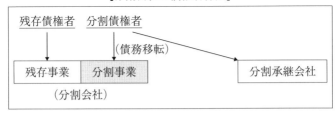

　有田　でも，旧商法時代には，頻繁になされていましたよね。

　金子　そのとおりですが，旧商法時代は，「無対価で分割型」だった

のです。だから，必ず分割会社の全債権者を対象に保護手続がなされ，問題視されていなかったのです。ところが，会社法の分割型は「分社型＋剰余金の分配」という構成になりましたから，剰余金として分配することのできない株式対価の存在しない分割型が想定できなくなってしまったのです。

　有田　なるほど。無対価の分割型は，会社法では無理なのですか。確かに，株主に分配すべきものがなければ，「＋剰余金の分配」というわけにはいきませんね。立法担当者はそこまで意識していなかったのかもしれませんね。

　金子　念のため，残存債権者を害することを知って吸収分割をしたような，いわゆる詐害会社分割には会社法の改正で規定が設けられましたが（会社法759条4項から7項，新設分割の764条ほか），十分とはいえません。

　ただ，実務では，あえて分割財産をプラスマイナス・ゼロにしたり，債権者が親会社のみという場合や分割後も潤沢な利益剰余金がある場合に実行される程度のため，特段の問題は生じていないようです。

6　親子会社間の分社型吸収分割と無対価

　有田　親子間でも同じでしょうか，

　まず，親Pが分割会社で完全子会社Aが分割承継会社だとします。Aは，親に対価を交付しません。親Pは無償で財産を子会社Aに寄付したのと同じでしょうか。債権者への信義に反するでしょうか。

　金子　これは，いわゆる**準備会社方式**の際に問題になります。上場会社Pを純粋持株会社にするため。まず100％子会社としてP準備会社を設立しておき，そこに事業の全部を吸収分割し，親PはPホールディングスに，P準備会社はPに商号を変更することです。対価として1株でもP準備会社が発行すれば問題ないのですが，無対価でも株式を発行し，

株式併合したのと同じく，子会社Ｐ準備会社も発行済株式の価値が上がるから何の問題もないように思えます。

　しかし，会計処理である会社計算規則第38条第2項からすれば，上場会社である親会社のその他利益剰余金が大きく減少し，へたをすれば利益配当も困難になりかねず，親会社の株主や債権者の利害に影響しかねません。よって，無対価分割後も潤沢な利益剰余金が残存する会社以外は無対価を選択すべきではないといえます。

　有田　むずかしいものですね。では，逆に子Ａが親Ｐに純資産額で20の事業を分割し，親Ｐが無対価で対応した場合はどうでしょうか。

　金子　これもよく行われています。親Ｐが株式を交付すると子会社が親会社株式を保有することになるため，それを回避するためです。

　しかし，やはり子Ａの債権者の立場で考えてください。債務者が財産を無償寄付し，対価を受領しないのです。先ほどの子会社間の無対価と同様な場面です。

　有田　親会社Ｐとしても子会社Ａ株式の価値が目減りしますね。その目減り分に対応する持分を無償寄付されたわけですが…。

　金子　さすがですね。この事例は100％子会社を吸収合併する事例と同じく会社計算規則には規定がなく，抱き合わせ株式消滅損益の問題になります。

　しかし，それは親会社の問題であり，子会社の債権者としては共同担保の減少ですから，やはり，それでも子会社が潤沢な財産を有することに変わりがない場合に限ってするか，分割財産が軽微な場合に限るべきです。現実の実務も同じです。

4　分割型吸収分割

1　分割型の基本はやはり分社型

　金子　新設分割で説明しましたが，吸収分割でも，次の図のとおり分割型の構成が会社法で変わりました。

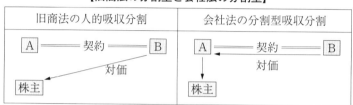

【旧商法の分割型と会社法の分割型】

旧商法の人的吸収分割	会社法の分割型吸収分割

　有田　分割事業の受け皿会社である吸収分割承継会社Bが対価としてAに交付する株式が吸収分割会社Aの株主に直接交付されるか（旧商法），分割会社経由で交付されるか（会社法）という相違ですね。

　金子　はい。「分割型＝分社型＋剰余金の分配」という２つの合成行為であることは分割型新設分割と同様です。このように，分割型では受取り株式を株主に分配しなければなりませんから，無対価の分割型吸収分割が不可能になったという不便が生じたことは分社型で説明したとおりです。

　有田　新設分割のところで質問すべきだったかもしれませんが，分割型では対価は承継会社の株式に限るのですか。

　金子　会社計算規則第２条第３項第44号では，「吸収分割のうち，吸収分割契約において法第758条第８号又は第760条第７号に掲げる事項を定めたものであって，吸収分割会社が当該事項についての定めに従い吸収型再編対価の全部を当該吸収分割会社の株主に対して交付するものを

いう」とされ，必ずしも株式に限っておらず，現金なども含むように読めますが，会社法第758条第8号又は第760条第7号では，吸収分割承継会社の株式・持分に限定しています（株式・持分に準ずる端数調整金などを含む）。

　注意すべきは，会社計算規則第2条第3項第44号の定義では，「吸収分割会社が」とありますが，会社法でこの吸収分割会社は株式会社に限定されており，合同会社を含みません。これは新設分割でも同じです。

　有田　合同会社が分割型分割するニーズもないでしょうね。

2　会計処理も2種類

　有田　会計処理は，新設分割と同様に，「分社型＋剰余金の分配」と法人格の分割型の2つあるわけですね。

　金子　はい。会社計算規則の条文でいうと，第37条と第38条です。第37条は分社型及び分割型共通の規定であり，第38条は分割した株主資本等を引き継ぐという発想に基づく分割型の規定です。

　新設分割の第49条と吸収分割の第37条，新設分割の第50条と吸収分割の第38条が対応しているわけです。

3　分割型吸収分割のニーズ

　有田　分割型吸収分割のニーズは，可能性としては，第三者間企業間でも共通支配下関係（同一企業グループ間）でもあると思いますが，やはり兄弟会社間が圧倒的でしょうか。

　金子　第三者企業のＡＢ間において分割型吸収分割を行うということは十分に想定できます。しかし，こういうケースは，少なくとも街の会計事務所や司法書士事務所が取り扱う例は少ないでしょうから，本書では取り上げません。

　　有田　単に対価たる株式を時価で受け入れ，それを配当するというだけですから，本書を読めば，十分に会計処理は予測していただけると思います。

　　金子　と思います。

　次に，共通支配下関係ですが，完全子会社が完全親会社に分割型吸収分割し，子会社が親会社株式を交付されることは合法ですが，子会社が親会社株式を取得して，それを分配し親会社に交付すると親会社の自己株式の取得になります。

　また，完全親会社が完全子会社に分割型吸収分割し，完全親会社がその株主に子会社株式を分配すると完全子会社でなくなります。これらのケースは無対価の「分社型」吸収分割で実行されるでしょうから，ここでは触れません。完全子会社同士が吸収分割して対価を親会社に分配する事例だけを検討することにしましょう。

　　有田　ゆっくり考えればどうってことない内容ですが，ぽんぽんと説明されてもついていけません。

　　金子　慣れにすぎません。読者の方にはゆっくり読んでいただくしかありません。

4　兄弟会社間の分割型吸収分割の想定事例

　　有田　さて，それでは完全子会社同士の分割型吸収分割につき数値を用いて検討してみましょう。親会社をＰとして，その完全子会社であるＡＢ間での分割型吸収分割とします。

　分割型は，「分社型＋対価株式の分配」ですから，まず，ＡがＢに「資産２億円，負債１億5000万円」の事業を分社し，Ｂでは受入れ簿価株主資本の全額5000万円を資本金に計上し，ＡはＢ株式100株，5000万円分を交付されたとしましょう。次の図表でよろしいですね。

【AはBに分社】　　　　　　　　　　　　　　（単位：万円）

	A	分割後のA	Bの増減
発行済株式の総数	4000株		100株
総資産	49000	34000 （うちB株式5000）	20000
総負債	25000	10000	15000
純資産	24000	24000	**5000**
株主資本	24000	24000	**5000**
資本金	15000	15000	**5000**
利益剰余金	9000	9000	0
利益準備金	1000	1000	0
その他利益剰余金	8000	8000	0

　金子　この図表で説明しましょう。

　Aは，B株式100株，5000万円分をAの株主Pへ剰余金として配当し，見返りにその他利益剰余金8000万円から5000万円を減らすと，次のようになります。

【計算規則37条と株式の分配】　　　　　　　（単位：万円）

	分社直後のA	分配後のA
総資産	34000 （うちB株式5000）	**29000
総負債	10000	10000
純資産	24000	*19000
株主資本	24000	*19000
資本金	15000	15000
利益剰余金	9000	*4000
利益準備金	1000	1000
その他利益剰余金	8000	**3000

　有田　分社で受けた対価たる株式を剰余金として分配したから，貸借対照表の借方からB株式が減少し，貸方からその他利益剰余金が減少す

るわけでしたね。

　金子　はい。上記では，その他資本剰余金がゼロのため，その他利益剰余金の分配にしたのであって，必ず，その他利益剰余金を減少させるとは限りません。

5　分割型の会計処理は2つある

　金子　以上は，まさに出資構成の会社計算規則第37条による分社と剰余金としてB株式の配当の事例です。

　これに対して，もう1つの分割型が会社計算規則第38条です。株主資本等を引き継ぐものという発想である会社計算規則第38条では，吸収分割会社で減少させた各株主資本がそのまま吸収分割承継会社Bの株主資本に計上されます。

【会社計算規則第38条（分割型吸収分割）】

分割会社の株主資本	分割会社の減少額	承継会社の株主資本
資本金	△　A円	＋　　A円
資本準備金	△　B円	＋　　B円
その他資本剰余金	△　C円	＋　　C円
利益準備金	△　D円	＋　　D円
その他利益剰余金	△　E円	＋　　E円

　有田　いずれにしろ，同じ分割型でも，第37条と第38条の相違は，第38条では利益性勘定科目にも計上できるが，それに対応して，分割会社で同一勘定科目を調整しなければならないのでしたよね。

　金子　そのとおりです。会社計算規則第50条の分割型新設分割では，有田さんが5000万円を資本金3000万円，利益準備金1000万円，その他利益剰余金1000万円に配分しました。それに対応して，分割会社でそれらの勘定科目を減少させ，「**分割前の分割会社の BS ＝分割後の分割会社**

の BS ＋新設会社 BS」になったのでした（本書137頁以下）。

　有田　吸収分割でも会社計算規則第38条を適用すると，「**分割前のA
のBS ＝分割後のAの BS ＋承継会社Bの BS の対応変動金額**」になる
わけですね。

　金子　そのとおりです。

　ここでは，Ｂが5000万円全額とも資本金に計上しましたから，「会社
計算規則第37条＋受領株式の分配」（本書148頁図表下）と相違し，Aのそ
の他利益剰余金は8000万円で変わらず，資本金5000万円の計上に対応し
て分割会社の資本金だけが5000万円減少します。次のとおりです。

【計算規則38条と受領株式の分配】　　（単位：万円）

	A	分割後のA	Bの増減
総資産	49000	29000	20000
総負債	25000	10000	15000
純資産	24000	19000	5000
株主資本	24000	19000	5000
資本金	15000	**10000	5000
利益剰余金	9000	9000	0
利益準備金	1000	1000	0
その他利益剰余金	8000	8000	0

　有田　その第38条第３項に「吸収分割会社における吸収分割に際して
の資本金，資本剰余金又は利益剰余金の額の変更に関しては，法第２編
第５章第３節第２款の規定その他の法の規定に従うものとする」とあり
ますから，資本金額が5000万円減少することについて，会社分割の手続
とは別にAで資本金の額の減少手続が必要ということですね。

　金子　はい。減資公告も債権者への催告も必要です。その減資を実行
すると，その他資本剰余金が5000万円になります。それが配当原資にな
ります。貸借対照表の借方から，Ｂ株式5000万円が減少することはいう

までもありません。

　有田　なるほど。同じ分割型でも会社計算規則第38条のほうは，承継会社で利益性科目も引き継げるというメリットがあっても，分割会社で減資手続等が必要であっては，デメリットも大きいですね。

6　会社計算規則第38条第 2 項の無対価吸収分割

　有田　吸収合併における第36条第 2 項と同様に，会社計算規則第38条第 2 項には，無対価の場合の規定がありますね。

　金子　あります。やはり，完全子会社間や完全親会社が完全子会社に対してなす吸収分割を主に意識した規定でしょう（「商事法務」1823号51頁）。ただし，先に説明しましたとおり（本書143頁以下），プラス財産を無償寄付したのと同様に評価される場合は，分割会社の債権者を害する可能性がありますから，慎重に行うべきです。

　また，第38条第 2 項によると，たとえば，分割承継会社にその他利益剰余金を○○万円計上すると，それに対応して，分割会社でもその他利益剰余金を同額減じなければならず，財産が減少するため，完全子会社同士の無対価合併に比し，使い勝手のよいものではありません。

　有田　それでも，上場会社の完全子会社間や完全子会社に対する無対価吸収分割が結構あるようですが，それはなぜでしょうか。

　金子　2 つに分けて考えましょう。

　まず，完全子会社のAとBとの間の無対価吸収分割です。Aがある事業部門をBに吸収分割し，Bが株式を発行し，そのB株式を完全親会社のPに配当し，Bで株式併合し，もとの株数に戻せば，最初から無対価と同じようなものです。

　有田　完全親会社Pでは，左ポケットのAで財産が減少しても，右ポケットのBで同額の財産が増加しますから，損得は相殺されますね。

　金子　はい。完全親会社Ｐにとっては，そのとおりです。しかし，本書142頁で述べたとおり，株式交付の分割型吸収分割なら，Ａで債権者保護手続がなされるのに対し，受領対価の分配が実際に行われない無対価吸収分割では，Ａに残された債権者は，この会社分割に異議を述べられません（会社法789条１項２号）。この点が問題です。

　有田　でも，実際に行われていますよ。

　金子　ですから，Ａの債権者に不利でない場合，たとえば，債務超過事業の分割，分割する純資産額が小さい場合，それが大きくとも財務内容がよく債権者を害するおそれがない場合，債権者が親会社や関連会社のみなどの場合などだと推測します。

　有田　次に，完全親会社が完全子会社に無対価吸収分割した場合は，どうですか。

　金子　これは本書143頁で話しました。無対価でも完全親会社の有する子会社株式の価値がアップしますから，債権者を害するおそれは少ないでしょう。ただし，会計上は，会社計算規則第38条第２項に従い，純資産が減少しますから，剰余金の分配可能額にも影響し，親会社の株主や債権者に全く影響がないというわけではありません。ただ，実務上，無対価の場合は，大きな会社分割でないことが多いように思われます。

　有田　会計上は，無対価ですから，吸収分割承継会社で資本金や資本準備金は増やせませんね。

　金子　はい。会社計算規則第38条第１項と比較すると，次表のとおりです。第36条第２項と同様に，株式対価の交付を省略したという前提ですから，のれんの問題にはなりません。

【会社計算規則第38条（分割型吸収分割）】

分割会社の株主資本	分割会社の減少額	承継会社の増加額	
		38条1項(株式対価)	38条2項(無対価)
資本金	△　A円	＋　A円	―
資本準備金	△　B円	＋　B円	―
その他資本剰余金	△　C円	＋　C円	＋(A＋B＋C)円
利益準備金	△　D円	＋　D円	―
その他利益剰余金	△　E円	＋　E円	＋(D＋E)円

　有田　最後に，完全子会社から完全親会社に対する無対価吸収分割については会社計算規則第38条第2項の規律の対象ではないのですね。

　金子　はい。完全親会社が完全子会社を吸収合併する場合と同様に，子会社が事業の出し手の場合は，共通支配下関係では例外的位置づけですから，会社法第38条第2項の「吸収分割会社における吸収分割の直前の株主資本等の全部又は一部を引き継ぐものとして計算することが適切であるとき」といえません。旧商法時代の人的吸収分割でいえば，自己株式の割当てとなる場面であり，対価交付が適当ではない吸収分割として適用の前提を欠くからです。第38条は，対価の全部を株式にできることに問題がない場面を想定した規定です。

　有田　では，どこの規定で規律するのですか。

　金子　最終的には，会計基準ということになりますが，吸収分割承継会社である完全親会社では，抱き合わせ株式消滅損の問題，吸収分割会社である完全子会社では，剰余金の減少として処理することになるでしょう。

第 9 話

株式交換・株式移転・株式交付の計算

1 　時価株式交換

1　株式交換は株式譲渡型

　有田　やっと株式交換に入りましたが，吸収合併や会社分割と相違した特徴から入りましょう。

　金子　吸収合併や会社分割は会社の所有財産が変動する組織再編ですが，株式交換や株式移転は，会社の外に存在する株主に異動が生じる組織再編です。100％の親子関係創出型の組織再編ですが，完全子会社になる会社にとっては，財産は変動せず株主が交代するだけです（新株予約権が承継される場合を除く）。

　有田　**会社分割が事業譲渡型とすれば，株式交換は株式譲渡型**ということですね。

　金子　はい。ですから，株式売買で株主に異動が生じても登記する必要がないのと同様に，完全子会社側では新株予約権が承継されない限り登記は不要です。

　また，株式のみを交付する株式交換なら債権者保護手続が不要ですし，株式交換契約書に４万円の収入印紙も不要です。合併契約書，新設分割計画書，吸収分割契約書で印紙が必要であるのとは相違します。

　有田　株式交換契約書に４万円の収入印紙が必要とされていないのは，株式売買契約書との平仄でしょうね。

　株式交換の登記も不要という話ですが，完全親会社になる側では登記が必要ではないのですか。

　金子　完全子会社の株式を承継した見返りに，完全親会社で株式を発行した場合には，発行済株式の総数などの変更登記が必要ですが，「○○株式会社を株式交換」などといった登記はなされません。吸収合併や会

社分割では，無対価であっても必ず「〜を合併」とか「〜から分割」といった登記がなされるのと対比してください。株式交換で，この登記がなされないのは，株式を譲り受けても登記が不要なのと同様です。

　有田　株式を発行しない株式交換とは，現金等を対価にした場合のことですか。

　金子　それもあります。現金株式交換なら，完全親会社でも完全子会社でも登記が必要ありません（親会社で債権者保護手続は必要です）。

　自己株式のみを交付した場合も同様です。完全親会社の発行済株式の総数に変化がありませんから，登記不要です。もっとも，自己株式を交付して，その差益を資本金に計上した場合には，資本金増加の登記が必要であることはいうまでもありません（本書83頁参照）。

2　時価株式交換

　有田　株式交換というのは，実際には，どの程度あるのですか。

　金子　いまのところは，上場会社が完全親会社になるケースばかりで，中小企業同士の本格的な株式交換の例はそう多くはないと思います。私の登記経験も全部が前者の事例でした。

　有田　それじゃ，ここに書いても意味ないですね。

　金子　いや，合併の下準備としてなされます。つまり，第三者企業間での合併は社風の相違等で躊躇されますが，とりあえず株式だけ統合しておく（とりあえず親子関係になっておく）というニーズは十分にあると思います。とくに，株式交換のメリットは，現金を動かさずに，しかも別会社のままで企業統合ができるという点ですから，使い勝手のよさがあります。

　有田　合併の場合には離婚がむずかしいのに対し，別会社のままでいられる株式交換は離婚も比較的容易ですしね。

　ということでしたら，下記の甲乙が資本関係のない第三者企業間だとして，株式交換の計算について説明していただけませんか。

【当事者甲と乙の概要】　　　　　（単位：万円）

	甲	乙
発行済株式の総数	1000株	400株
1株あたり純資産	簿価7万4000円 時価10万円	簿価8万8800円 時価16万3800円
発行可能株式総数	4000株	1600株
総資産	簿価10000 時価12600	簿価5000 時価8000
総負債	簿価＝時価2600	簿価＝時価1448
純資産	簿価7400 時価10000	簿価3552 時価6552
株主資本	7400	3552
資本金	5000	2000
資本剰余金	5000	500
資本準備金	5000	500
利益剰余金	△2600	1052
利益準備金	200	500
その他利益剰余金	△2800	552

　金子　第三者企業間ですからパーチェス法になります。

　1株あたり時価純資産額は甲が10万円で，乙が16万3800円ということですが，これだけでは会計処理を判断できません。1株あたり時価純資産額というのは会社の保有財産を時価評価した合計額を株数で除した額にすぎず，株式価値とは相違します。

　有田　もう少し分かりやすく説明してください。

　金子　たとえば，この乙が増資するときに，1株を16万3800円にしますか。乙が成長著しい会社であれば，1株20万円に設定するかもしれませんよ。甲でも同様に，1株10万円にするとは限りません。

　有田　それはそうですね。会社保有財産の時価合計では債務超過であっても，成長性があれば1株5万円や10万円で払込金額を決めることがありますからね。

　では，甲の1株あたりの企業価値は15万円で，乙では30万円ということにしましょう。

　金子　そうすると，株式交換比率は1：2になり，乙の1株に甲の2株を交付することになります。乙の発行済株式の総数が400株ですから，甲では株式交換新株を800株発行することになります。

　有田　「800株×甲株式15万円」で，甲は1億2000万円の価値を乙の株主総体に交付することになります。

　金子　それが交付する対価の時価であり，**吸収型再編対価時価**といわれるものです（計算規則2条3項41号，同39条1項1号）。パーチェス法の場合は，これが甲の株主資本等変動額となります。その価値を受け入れたわけですから。

　有田　乙の時価純資産額は6552万円ですから，1億2000万円との差額はのれんですか。

　金子　それは吸収合併などで乙の「財産」を甲が受け入れたときの話です。株式交換では「株式」を受け入れるので，受け入れたものと対価との不一致という問題は生じません。のれんは計上されません。

　有田　とすると，実に単純な計算ですね。甲が1株15万円で800株（1億2000万円）を発行した募集株式の発行に対して，乙の株式400株が現物出資されたのと同じではないですか。

　金子　債権者保護手続が不要な株式交換では，給付された1億2000万円の全額が資本金と資本準備金に計上されますので，ほぼ同じですね。相違は，2分の1以上を資本金に計上する義務がないという点でしょうか。全額を資本準備金にするのが通常です（計算規則39条2項）。これは

無額面株式に一本化された平成13年10月施行の商法改正以降の結論であって，会社法になってからというわけではありませんけど。

有田　1億2000万円の全額を甲の資本準備金にしたとすると，甲の貸借対照表は次になるわけですね。

【株式交換による甲の変化】　　（単位：万円）

	株式交換前の甲	株式交換後の甲
発行済株式の総数	1000株	**1800株
1株あたり純資産	7万4000円	10万7778円
総資産	10000	**22000 （12000が乙株式）
総負債	2600	2600
純資産	7400	**19400
株主資本	7400	*19400
資本金	5000	5000
資本剰余金	5000	*17000
資本準備金	5000	**17000
利益剰余金	△2600	△2600
利益準備金	200	200
その他利益剰余金	△2800	△2800

金子　はい。乙の株主は甲の800株の株主になり，乙は甲の完全子会社になります。これで，乙の株主は甲の中で少数株主になり，甲は乙を支配したことになります。

有田　支配したからパーチェス法ということですよね。

金子　はい。ここで株式交換新株が1200株なら，乙の株主が甲をも支配したことになり，いわゆる「逆取得」となりますから，乙株式の評価は乙の簿価純資産を基準としたものになるわけです。一種の例外ですね。

[2]　共通支配下の株式交換

1　不完全子会社の完全子会社化

　金子　上場会社の例ですが，持分比率で70％程度の子会社を100％にするための株式交換がよく行われます。非上場企業でも，持株会社を頂点としたグループ再編を行うためには，これが必要です。

　有田　共通支配下関係の株式交換を問題にしようとするわけですね。先ほどの甲乙で考えましょう。乙の発行済株式の総数400株の内訳は，親会社甲300株（75％），甲の子会社丙40株，外部株主丁60株とし，甲の1株あたりの株式価値は先ほどと同様に15万円，乙のそれは30万円とします。

　金子　甲が有する乙株式の帳簿価額は，1500万円としましょう。

【当事者甲と乙の概要】　　　　　（単位：万円）

	甲	乙
発行済株式の総数	1000株	400株 （内訳）甲：300株 甲の子会社丙：40株 外部株主丁：60株
1株あたり純資産	簿価7万4000円 時価10万円	簿価8万8800円 時価16万3800円
総資産	簿価10000 時価12600 （乙株式1500）	簿価5000 時価8000
総負債	簿価＝時価2600	簿価＝時価1448
純資産	簿価7400 時価10000	簿価3552 時価6552
株主資本	7400	3552

2　共通支配下の株式交換の計算

　有田　乙の株主には，親会社甲300株，甲の子会社丙40株，外部株主
丁60株と3者3様ですが，こういう場合は，吸収合併との対比でいくと，
親会社甲300株，甲の子会社丙40株，外部株主丁60株をそれぞれ別に考
えればよいのですね。金子さんの著書『組織再編の手続』での命名だと
区分法処理ということですね。

　金子　はい。次のようになります。

①　親会社甲の所有する乙株式300株には割り当てられない（会社法
768条1項3号カッコ書）。

②　甲の子会社丙（一般に中間子会社という）の所有する乙株式40株は，
1株あたりの簿価純資産額で計算する。すなわち，「乙の簿価株主
資本額÷発行済株式の総数400株×40株」で計算する。ここでは，
「3552万円÷400株×40株」で，355万2000円となる。

③　外部株主丁の所有する乙株式60株については，吸収型再編対価時
価で計算する。ここでは1株あたり15万円の甲株式を120株交付し
ますから（株式交換比率1：2），1800万円となる。

　有田　合計の株主資本等変動額は，355万2000円と1800万円の合計で
2155万2000円ですね。これを資本金と資本準備金に振り分けるわけですね。

　金子　原則として，そのとおりです。

　ただ，吸収合併の旧・会社計算規則第58条第2項第3号及び第4号で
は，親会社に支配株主が存在する場合としない場合で取扱いを異にして
いました。最近の会計基準（企業結合会計基準及び事業分離等会計基準に関す
る適用指針）でも，236-5項に「子会社がその子会社（孫会社）を株式交換
完全子会社とする場合，子会社が追加取得する株式交換完全子会社株式
（孫会社株式）の取得原価は，（筆者注：最上位の親会社と子会社の株主
との取引ではないため，）前項の中間子会社に対価を支払う場合におけ

る中間子会社持分相当額に準じて算定する。また，その額を払込資本として処理する」とあります。ですから，本件の甲に支配株主が存在する場合には，甲と乙との株式交換は，実質上，子会社と孫会社との株式交換であって，本件の外部株主も甲グループの頂点に位置することになるわけではありませんから，その所有する60株も簿価評価されるのだと思います。

有田　簿価評価だと「1株あたり簿価純資産額8万8800円×60株」で532万8000円です。もし，現金株式交換だとすれば，外部株主に気の毒ではないでしょうか。

金子　532万8000円というのは，甲の株主資本等変動額の話，いい換えれば，資本金計上額の話であって，実際の価値の話ではありません。現金の場合に時価計算で1800万円を交付することとは矛盾はしないと思います。

有田　私もそう思います。60株を現金で買う場合と，甲株式を交付し，資本金をどう計上するかというのとは別問題ですから…。もし，その60株に現金1800万円を交付したとすると，評価額532万8000円との差額は，のれんに計上されます（旧・計算規則20条2項）。時価受入れのパーチェス法の処理でない場合には，のれんの計上も可能です。

3　先行取得株式との関係

金子　外部株主丁の保有する乙株式の受入価額が1800万円（時価評価額）だとすると，40株と60株の合計100株を2155万2000円で受け入れたわけですが，先行取得分300株の簿価1500万円との関係が問題になります。なぜなら，甲の帳簿に乙株式1500万円と計上されており，さらに2155万2000円で追加取得されたわけです。

有田　それは簡単です。合計額3655万2000円と乙株式の簿価を書き換

えれば済む話です。

　金子　そうですね。乙株式のトータルの取得価額（簿価）は，先行取得分の取得価額と追加取得分のそれの合計額ですからね。

　ついでに説明しておきますと，乙が債務超過で株式交換による今回の取得額（追加取得分）が仮にマイナス2000万円であれば（完全子会社の簿価純資産を基準に計算すると，こういうこともあり得る），先行取得分との合計額は△500万円です。甲の資産にマイナスを計上できませんから，甲の負債の部に乙株式の特別勘定として500万円と計上します。

　有田　株式の特別勘定の話で会社計算規則第12条ですね。

　なお，完全子会社の有する自己株式は，常にパーチェス法での評価となりました（計算規則39条1項2号カッコ書参照）。逆取得及び共同支配企業の形成となる株式変換は，めったにないので，省略します。

4　兄弟会社の株式交換

　有田　以上の説明は，子会社同士の甲乙間の株式交換，すなわち兄弟会社を親子会社にする株式交換でも，同じですか。

　金子　同じです。親子関係を創設する組織再編ですから，あたかも抱き合わせ株式を控除する兄弟会社間の吸収合併のような会計処理ではなく，親会社が子会社を吸収合併する場合と同様に，甲の有する乙株式，甲グループの有する乙株式，甲グループ外の外部株主の有する乙株式につき，個別に検討することが必要です。

　なお，会社法第768条第1項第2号で株式交換の対価につき，「金銭等を交付するときは」とあるように，会社法は無対価株式交換を認めており税務でも同様であるため，共通支配下関係で実行されることもありますが，会計処理については定めがありません。会社の責任で対応していただくしかありません。

③　株式移転

1　株式移転は共同持株会社設立方法

　有田　株式移転も株式交換同様に中小企業では少ないようですが，やはり今後はでてくる可能性があるのでしょうか。

　金子　株式移転というと，1社でもできますが，ほとんどが共同持株会社設立手段ですね。株式交換よりは中小企業同士の事例は多いのではないでしょうか。やはり合併準備として，とりあえず共同持株会社を設立し，兄弟関係を築き，時機をみて3社合併します。

　有田　同じ合併準備でありながら，株式交換よりも多い理由はなんでしょうか。

　金子　心情的問題でしょうか。株式交換だと乙が甲の傘下に入ったというイメージが強く，乙の従業員も面白くないでしょうが，甲乙が共同持株会社として丙を株式移転で設立すると，同じ企業統合でも，甲乙対等のイメージが濃厚になります。

　有田　というと，第三者企業間で行われるというわけですか。

　金子　理屈の上では同一グループでもなされますが，同一グループなら株式交換や会社分割で共同持株会社を作るほうが容易でしょう。たとえば，甲が乙を完全子会社にする株式交換を行うと同時に，甲事業の全部を新設分割し新たに甲を設立し，もとの甲を丙と商号変更すれば，持株会社丙が甲と乙を傘下におく形ができます。

　有田　新設分割と株式交換を同時に実行するわけですね。

　金子　はい。新設分割は会社設立方法だから，1月1日をもって同時実行は無理ですが，その場合はあらかじめ甲が子会社を設立しておき，吸収分割の方法を採用すれば同時実行が可能です。上場会社の場合は，

166

確実を期して吸収分割の方法を採用することが多いですね。

有田 なるほど。いわゆる準備会社方式ですね。

2　第三者企業間の株式移転

有田 それでは，早速ですが，次の甲乙が共同持株会社を設立する場合で説明してください。甲乙は第三者企業同士だとして，1株の企業価値はそれぞれ15万円，30万円とします。

【当事者甲と乙の概要】　　　　　　（単位：万円）

	甲	乙
発行済株式の総数	1000株	400株
1株あたり純資産	簿価7万4000円 時価10万円 **1株価値15万円**	簿価8万8800円 時価16万3800円 **1株価値30万円**
総資産	簿価10000 時価12600	簿価5000 時価8000
総負債	簿価＝時価2600	簿価＝時価1448
純資産	簿価7400 時価10000	簿価3552 時価6552
株主資本	7400	3552
資本金	5000	2000
資本剰余金	5000	500
資本準備金	5000	500
利益剰余金	△2600	1052
利益準備金	200	500
その他利益剰余金	△2800	552

金子 吸収合併や株式交換と同様に考えるだけです。

まず，企業価値は甲が1億5000万円（1株価値15万円×1000株），乙が1億2000万円（1株価値30万円×400株）で，甲が乙を上回りますから，甲が乙を取得（支配）する組織再編だということが分かります。

有田　そうですね。持株会社の株主構成では甲側が優位です。

金子　こういう場合は，甲株式は持株会社丙に簿価で移転し，支配される乙株式はパーチェス法で移転すると考えます。旧・会社計算規則では，甲を「簿価評価完全子会社」(旧・計算規則2条3項64号)，乙を「時価評価完全子会社」といいましたが(同66号)，そんな用語はどうでもよいことです。考え方を学んでほしいと思います。

有田　簿価評価完全子会社である甲を基準に，「甲＝丙」と考えよということでしょうか。そうすると，持株会社丙において，甲株式は7400万円と簿価純資産額で計上されるわけですね。

金子　はい，そのとおりです。株式の割当比率も，甲の1株に丙の1株を交付するのが最も分かりやすいでしょう。

有田　そこまでは容易に分かりますが，乙との関係で新設型再編対価時価をどう定めるのかよくわかりません。持株会社丙は新会社ですから乙の株主に交付する丙株式の時価が計算できません。

金子　簡単です。「丙＝甲」と考えればよいのです。この株式移転は甲が乙を取得する組織再編ですから，「丙株式価値＝甲株式価値」とみればよいのです。

有田　合併比率でいえば，「15万円：30万円」で，「甲：乙＝1：2」でしたから，「丙：乙＝1：2」と考えて，乙株式1株に対して丙株式2株を交付し，交付株数が「乙の400株×2」で丙株式800株ですね。

金子　はい。丙株式価値は甲と同様に1株15万円ですから，新設型再編対価時価は「800株×15万円」で1億2000万円です。

有田　持株会社内の貸借対照表の資産の部には，「甲株式＝7400万円，乙株式＝1億2000万円」と計上されるわけですね。

金子　そうです。純資産額は1億9400万円となり，甲が乙を完全子会社にして株式交換したときの純資産額と一致します(本書160頁図参照)。

3　株式移転の資本金計上額

　有田　会社計算規則第52条によると，株主資本変動額，ここでは1億9400万円ですが，その範囲で自由に資本金・資本準備金・その他資本剰余金に振分けできるということでよろしいですか。なお，株式移転は株式会社しかできませんから株主資本等変動額ではなく条文どおり株主資本変動額と使いました。

　金子　そのとおりです。

　有田　しかし，株式交換では債権者保護手続が不要な場合には，資本金と資本準備金にしか計上できないのに，株式移転の場合は，その他資本剰余金にも計上できるのは，なぜでしょう。

　金子　私の勝手な推測では，その他資本剰余金に計上できないと，設立直後の定時株主総会で剰余金の配当の原資がないので困るという政策的理由かなと思っていますけど。

　また，株式移転や新設分割は組織再編に基づく新会社設立行為です。新会社には債権者がいませんし，「こういう株主資本の構成にしたい」という再編設計に対する株主の意向を尊重したのでしょう。株式交換のような既存会社間の吸収型再編と相違するところです。

　有田　いずれにしろ，その他資本剰余金に計上できるなら，資本金に1億円，資本準備金は0円，その他資本剰余金に9400万円を振り分けたとすると，持株会社丙の設立時貸借対照表は次になりますね。

【丙社設立時貸借対照表】　　(単位：万円)

資産の部		負債及び純資産の部	
甲株式	7400	資本金	10000
乙株式	12000	その他資本剰余金	9400
資産合計	19400	負債・純資産合計	19400

4 株式交付の計算

　金子　2021年3月から，新しい組織再編として「株式交付」が加わりましたので，この計算についても簡単に触れておきましょう。

　有田　簡単な説明で十分です。株式交換の会計処理とほぼ一致しているからです。会社計算規則第39条（株式交換）と第39条の2（株式交付）を比較してみれば一目瞭然です。

　それよりも，会社の計算がテーマの本書ですが，そもそも株式交付とは何かにつき説明してください。

　金子　一言でいえば，株式で支払う株式譲受型企業買収であり，個々の株主から株式を譲り受けて相手会社を子会社化することです。他の株式会社を完全子会社にする制度としては株式交換がありますが，相違点を下記の表で説明しましょう。親会社となる会社を甲，子会社となる会社を乙とします。

【株式交付と株式交換の定義比較】

	誰が	何をして	何のために	誰に	何をする
株式交付	甲が	株式交付計画の作成	議決権の過半数の取得	乙株主に	乙の株式の譲受け
株式交換	乙が	株式交換契約の締結	発行済株式全部の取得	甲に	発行済株式全部を取得させること

　有田　あれ，吸収合併でも株式交換でも，合併消滅会社や株式交換で子会社になる側が主語で権利義務や発行済株式総数を多数決の決議で渡す行為でしたが，株式交付の主語は企業買収側ですか。

　金子　そうなのです。本邦初の企業買収側を主語とした組織再編であり，会社と会社との契約でもなく募集株式の発行等に近いです。株式交

換の株式は子会社側の株式のことでしたが，株式交付の株式は親会社側の株式です。また，会社と会社との契約ではなく「株式交付計画」を作成しますが，新会社の設立ではないので，吸収合併，吸収分割，株式交換と同じ吸収型再編になります。

有田 乙側の個々の株主から乙の株式の現物出資を受ける募集株式の発行等と仕組みは近いとしても，組織再編ですから，半分以上を資本金にしなければならないという制約はないわけですね。

金子 募集株式は資金調達手段ですが，株式交付は組織再編なので，そのとおりです。過大評価を避ける募集株式の発行に必要な現物出資規制（会社法207条）もありませんし，公開会社では取締役会で募集株式の発行を決定しますが（会社法201条），株式交付は原則として株主総会です（会社法816条の3第1項）。

有田 同じ子会社化を目的としていても，株式交換は乙側の自己株式まで取得する発行済株式の総数を得る手段ですが，この株式交付は議決権の過半数を握ることが目的だとすると，すでに子会社となっている会社を対象とすることができず，共通支配下関係の簿価株式交付というものはあり得ず，すべて時価取得ですか。

金子 そのとおりといいたいところですが，100％子会社間の株式交換で子会社と孫会社にするのと同じく，兄弟会社間でも株式交付が可能ですから，簿価で譲り受ける共通支配下関係や逆取得もあります。

有田 共通支配下関係でも株式交付が可能であるため，個人でＡＢＣと複数の会社を経営している方が持株会社用にＤ社を設立し，ＡＢＣを傘下に治めるのに便利だと思われていましたが，令和5年10月1日以後に行われる株式交付から，株式交換と相違し税務上のメリットが少なくなりました。税制は頻繁に変更されますので，いざ実行する場合は，その時の税制にご注意ください。

5　付録（組織変更）

　金子　組織再編の計算では，あと組織変更だけですが，これは省略したいところですが，付録にして簡単に説明します。

　有田　組織変更というと，合資会社が株式会社になる例が多いようですが，会社の実態は変わらず，会社成立年月日も貸借対照表も原則としてそのままで，一種の商号変更扱いですからね。会社成立年月日も，資本金額も変わりませんし…（計算規則34条）。

　金子　1つだけ説明しておきますと，法律家は持分会社には資本金がないと思っていることです。学校でそう教わってきましたから。

　有田　持分会社だって，出資金はあるし，貸借対照表もありますから，資本金が考えられます。

　金子　資本金概念が変わったと思えばよいことです。旧商法時代には，資本金は資本充実責任に裏打ちされていた価値ある概念でした。物的会社（株式会社と旧有限会社）に特有のものでした。しかし，会社法では，有限責任社員だけで構成される持分会社である合同会社も認められ，いわゆる物的会社と人的会社の垣根が低くなり，資本金概念も単に出資金で構成される額（計数）にすぎないことになりました。だから，人的会社や持分会社にも資本金というものがあると考えれば済む話です。

　有田　ところで，組織変更が単に商号変更と同じで，会社成立年月日も変わらないとすると，なぜ組織変更に債権者保護手続が必要なのでしょうか（会社法781条）。

　金子　会社法成立過程で，1社でなす新設合併と同様に構成し，債権者保護手続を必須にしたものです。

　有田　でも，組織変更とほぼ同様の手続である持分会社の内部で他の

種類の持分会社になるには，債権者保護手続が不要のようですが（会社法638条），バランスを欠いていませんか。

　金子　持分会社の種類の変更は，単なる定款変更扱いですね。やはり，持分会社から株式会社へという会社の種類の変更である組織変更の重要性に鑑み，会社の構成員だけでなく債権者への影響も考慮し，新設合併等の組織再編行為の一種と構成したものでしょう。だからこそ，会社法第5編が「組織変更，合併，会社分割，株式交換，株式移転及び株式交付」という表題になっているのだと思います。

第10話

知って得する計算の周辺知識

1 帳簿価額と会計基準

1 帳簿価額と簿価の正確な意味

金子 さて，増減資と組織再編の計算につき業務上必要な知識として
は第9話までで一応説明いたしました。

有田 全部ではありませんが，街の司法書士事務所や会計事務所が
知っておく必要な知識としては十分でしょう。

金子 あとは，拙著の昔の計算本の読者から，あるいは私の講演先で，
いくつか計算についての質問を受けましたし，本には税務の基本知識等
についても簡単に触れてほしいという要望がありましたので，順不同で，
そのあたりを話題にしたいのですが…。

有田 どんな質問を受けましたか。

金子 基本的な質問としては，本によって帳簿価額とあったり，簿価
とあったりするが，同じ意味かというものがありました。

有田 もちろん同じ意味です。

　会社はモノを買うと，その購入価額（取得価額）を帳簿に計上します。
これが帳簿価額であり簿価です。

　例で説明しましょう。

　上場会社Aの株価（時価）の推移は以下のとおりでした。

　　1月10日　　@100円

　　1月11日　　@102円

　　1月12日　　@105円

　B社は，A社株式を1月11日に1000株購入しました。B社はいままで
A社株式を購入したことはありません。

　さて，B社のA社株式の帳簿価額はいくらでしょうか？

　金子　取得価額で答えればよいわけですね。102円ですか。

　有田　はい。Ａ社株式という資産の購入価額ですので，帳簿価額は，102円そのものではなく，「＠102円×1000株＝10万2000円」ということになります。

　では，次に，Ｃ社は100万円で機械を購入しました。今までに，機械の減価償却費を20万円計上しています。さて，Ｃ社の機械の帳簿価額はいくらでしょうか。

　金子　取得価額でいえば100万円が帳簿価額だと思いますが，帳簿に計上されている価額としては80万円のようにも思えます。

　有田　帳簿価額は，物の購入価額であるといいましたが，このように，その購入価額を基に調整した額も帳簿価額といいます。

　金子　両方いうのですか。

　有田　会社計算規則第5条1項には，「資産については，この省令又は法以外の法令に別段の定めがある場合を除き，会計帳簿にその取得価額を付さなければならない」とありますから，原則として，取得価額が帳簿価額です。しかし，第2項には「償却すべき資産については，事業年度の末日（事業年度の末日以外の日において評価すべき場合にあっては，その日。以下略）において，相当の償却をしなければならない」とありますから，償却した場合には，償却した後の価額も，帳簿に計上されている額として帳簿価額です。

　金子　読者からの基本的な質問と思っていましたが，意外にむずかしいですね。でも，吸収合併でその機械を引き継ぐときは，合併存続会社でも消滅会社の会計帳簿に計上されている80万円で計上するのでしょうから，いま会社の帳簿にいくらで計上されているかを基準に帳簿価額を把握すればよろしいですね。

　有田　それで構いません。

2 会計基準はどこでみられるのか

　金子　もっと会社計算規則を勉強したいのだが，会計基準というのはどこでみられるのかという質問もありました。

　有田　会計基準とは，会計処理や財務諸表の表示に関するルールです。法律ではありませんが，会社法が従うべき会計慣行であり，法律と同様に社会のインフラとしての役割を果たしています。

　金子　会社法第431条に「株式会社の会計は，一般に公正妥当と認められる企業会計の慣行に従うものとする」とありますが，この「企業会計の慣行」のことですね。会社計算規則第3条にも「この省令の用語の解釈及び規定の適用に関しては，一般に公正妥当と認められる企業会計の基準その他の企業会計の慣行をしん酌しなければならない」とありますから，事実上，法律に近いですね。そうなると，会社計算規則の解釈のためにも，会計基準は無視できません。一般の読者は，どこでそれをみればよいのですか。

　有田　現在，会計基準は，企業会計基準委員会という民間団体が主体となり作成しています。企業会計審議会・日本公認会計士協会が作成しているものもあり，インターネットの特定のページで一覧できる状況にはなっていませんが，本書にもたびたび登場した企業会計基準委員会が作成する企業会計基準は，企業会計基準委員会のホームページでみられるようになりました。次のものは重要ですので，ぜひ閲覧してください。

①　企業会計基準第1号（自己株式及び準備金の額の減少等に関する会計基準）

②　企業会計基準第21号（企業結合に関する会計基準）

③　企業会計基準適用指針第10号（企業結合会計基準及び事業分離等会計基準に関する適用指針）

2　増資の会計・税務

1　企業行動はカネが基準

　金子　基本税務等，計算の周辺知識の話題に移ります。

　法務は分かる，計算もある程度分かったといっても，企業はカネ（採算）で動きます。税務についても，ある程度の予備知識がないと，われわれ司法書士も税理士さんや公認会計士さんと話を合わせられません。

　有田　税務は確かに企業行動を左右しますね。

　金子　私のような税務の素人が税理士さんに相談すると，ああでもない，こうでもない，こういう場合はこうで，ああいう場合はああでと，まどろっこしい説明をされ，かつ専門用語で煙にまかれてしまいます。経営者の方もそうですが，税務の素人の聞きたいのは，要するに税金がかかるのか，かからないのか，かかるとしたらどの程度かということだけですから，できるだけスパッとした説明でお願いします。

　有田　弁解しますと，細かい事情を把握しないと，一概に答えられないのです。

　金子　それはそうですが，それは他の仕事でも同じですよ。私の仕事の登記でも，細かい事情を把握しないと，うっかり答えられません。しかし，私は，一般論で，「登記できます・できません」と答えるようにしています。まぁ，税理士さんの業務と相違し，税金というカネの問題が大きく響かないので，気が楽ですが。

　有田　分かりました。できるだけ思い切って，原則的な取扱いをスパッと説明いたしましょう。

　金子　ぜひ，そうお願いします。

　有田　増資の会計・税務の話からはじめましょう。

2 増資（金銭出資）と税金

金子 早速ですが，普通の金銭出資による増資では，登記における登録免許税は別として，税金問題は発生しますか。

有田 増資する会社（株式発行会社）ではかかりません。

金子 増資の結果，会社は利益を得るとはいえないのですか。何の犠牲も払っていませんよ。

有田 新株式という対価を支払っています。何の犠牲も払っていないわけではありません。

金子 発行会社が非課税なら，相手側の出資側にも税金問題は生じませんね。

有田 普通の適正な価額での増資なら，税金問題は発生しません。

金子 時価よりも安い価格での有利発行増資の場合は，税金がかかるということですか。

有田 当然です。1株10万円の価値があるのに，8万円で手にいれたら，得をしたことになりますから，その利益に税金がかかります。

金子 株式を発行する会社が損をしたといえるのですか。

有田 そうですね…。実質的には既存株主が損をしたわけですが，取引の当事者は発行会社ですし，個々の既存株主に贈与の意思を認定するのは困難ですから，会社が損をしたと構成して課税問題を検討すべきだと思います。

金子 もっとも，有利発行といっても，資本提携目的やこれまでの貢献に応じて特別扱いするのが普通ですから，総合的にみれば，会社に損はないことが多いでしょうけど。

有田 また，**資本取引には課税されないという原則**があります。発行会社は事業の元手を取得しただけですから…。ただ，出資者側では損益取引になるので利益を手にしたときは，課税されるのが原則です。

金子　配当でも課税されるわけですから，株主が利益を得れば課税されても仕方ありませんね。

　念のため，株主割当増資の場合は，1株10万円の価値でも1株5万円などで行うことがありますが，これは税金がかかりませんね。

有田　株主割当増資の場合は，株主全員平等に持株比率に応じての割当てですし，実質的には有償の株式分割みたいなものですから，税金はかかりません。有利発行ともいいません。

金子　了解しました。ところで，読者から，税務の専門家ではない公認会計士さんの回答では不安だといわれると困るのですが，有田さんは税理士さんでもありますよね。

有田　はい。公認会計士ですが，正真正銘の税理士でもあります。ちゃんと登録もしていますので，安心して税務の質問をしてください。分からないことがありましたら，「ああでもない，こうでもない。一概に答えられない」と逃げますから。

3　現物出資の場合はどうか

金子　金銭出資でなく，現物出資の場合はどうですか。

有田　やはり，株式発行会社については資本取引の原則に従い税金がかかりませんが，出資者に対しては，出資財産を時価で譲渡したとして処理されます。したがって，出資者に譲渡益が生じれば，課税されます。ただし，いわゆる適格現物出資の場合には，出資財産を帳簿価額で譲渡したとして処理され，税金はかかりません。

金子　金銭出資の場合は，簿価も時価も区別できないが，現物出資の場合は仕入れた価額（簿価）と出資した時の時価との間に差があり，譲渡益が生じれば税金がかかるということですね。これは，既存株主との比較から生じる税金ではなく，譲渡益課税そのものですね。

有田　はい。譲渡損なら，場合により節税効果にもなります。

4　上場株式の現物出資

金子　時価で現物出資といっても，上場株式などは，始終，時価が変動していますから，時価の判定自体が困りますよね。

税金問題から離れて公認会計士の有田さんに質問ですが，募集事項で定めたときの株価と，現実の給付日の株価が異なった場合には，どちらを基準に資本金等を決めるのですか。

有田　給付日における株価です。会社計算規則第14条第1項第2号本文にも「法第199条第1項第4号の期日における価額」とあります。募集事項で1億円の上場株式の出資と定めても，給付日の時価が8000万円なら，資本金に計上できるのは8000万円が上限です。

5　金銭債権の現物出資

金子　中小企業の現物出資では，何といっても，圧倒的に多いのが，社長等が会社に貸している貸付金の現物出資でしょう。

有田　DES（デット・エクイティー・スワップ）のことですね。DESとは，債務（デット）と株式（エクイティ）とを交換（スワップ）することですが，会社からみれば，債務が株式（資本金等）に変わることであり，債権者からみれば，貸付金の現物出資です。

金子　相続税対策でDESがなされると聞いたことがありますが。

有田　はい。社長が会社に多額の貸付をしているのですが，会社は債務超過の状態で，当分の間，返済が見込めないという場合があります。にもかかわらず，相続税を計算する上では，貸付金額そのものが相続税評価額となってしまいます。

金子　満額評価ですか。それは痛いですね。

有田　はい。そこで，この問題の解決策として，債権放棄と DES が考えられます。債権を放棄すると，社長の貸付金はなくなるものの，会社に債務免除益が計上されるため課税される可能性があります。

DES の場合は，社長の貸付金が株式になります。もともと債務超過の会社ですから，株式の相続税評価額は貸付金の相続税評価額よりも低くなります。また，DES で貸付金を現物出資しても，前述のとおり資本取引である以上，株式発行会社は課税されないのが原則です。

金子　DES では，税金問題は生じないということですね。

有田　そう簡単ではありません。ややこしい話なので読み飛ばしていただいても結構ですが，現物出資した貸付金の法人税法上の時価はいくらなのかという問題があります。この法人税法上の時価が貸付金額と異なる場合には，DES の場合でも債務免除益が計上されるため，課税される可能性があります。

金子　ややこしそうですね。実際に実行なさる場合には，顧問税理士さんと協議のうえで実行してくださいということにしましょう。

6　事業の現物出資の規定

金子　DES を含め，「資産」の現物出資は，会社計算規則第14条第1項第2号で規定していますが，「事業」の現物出資についても，同じ規定と解釈してよいですね。

有田　同号イに「共通支配下関係にある場合」などという表現がありますので，「事業」出資を含むことがあきらかです。

金子　共通支配下関係，つまり親会社と子会社などの関係にある場合の「事業」の現物出資だから，帳簿価額だということですよね。そうでなければ時価ですが，会社計算規則には，その点が規定に盛り込まれています。第8条には，支配取得以外に「その他の吸収型再編対象財産に

時価を付すべき場合」があると規定されましたし，共通支配下関係の現
物出資に関する第14条第1項第2号イや第43条第1項第2号イ，また吸
収分割に関する第37条第1項第2号や単独の新設分割に関する第49条第
1項にも同趣旨のカッコ書が挿入されました。いずれも，事業の分離と
評価されない場合の現物出資や会社分割を示すと考えるしかありません。
従来は，遊休不動産だけの分割でも会社分割といえるのかという不安が
ありましたが，現行の会社計算規則は，共通支配下関係の取引であって
も，企業結合会計基準等における「事業」に該当しない財産が会社分割
の対象となり得ることを示したものと評価できると思っています。会社
分割として許容できる範囲は依然として解釈に委ねられていることに変
わりはありませんが。

7　資本金の大きさと税務問題

　金子　増資の際に，出資額の全部を資本金に計上すべきかという質問
もときどき受けますが，会社の信用力の点では資本金が大きいほどよい
が，増加資本金額で決まる登記の登録免許税（増加資本金額の0.7％）や，
取崩しの容易さという面では，資本金よりも資本準備金に計上したほう
が得だと答えています。

　有田　資本金が1億円を超えるときは注意が必要です。赤字であって
も事業税を払う必要が生じます。

　金子　資本金が1億円を超えると，いわゆる外形標準課税制度が適用
されるということですね。その対策として，減資の登記を受託したこと
も，1度や2度ではありませんでした。

　有田　令和6年度税制改正により，減資で資本金を1億円以下にして
も，資本金と資本剰余金の合計額が10億円を超える場合には，外形標準
課税制度を適用することとされました。

8　株式交付費用は資本金から控除できない

金子　資本金が小さければよいというのなら，増資の際の費用を増加資本金から控除できると便利ですが，増資時に生じた株式交付費用を増加資本金から控除できるとした会社計算規則第14条第1項第3号は，もう永久に適用の余地はないのでしょうか。

有田　会社計算規則附則第11条により会社計算規則施行当初から当面の間は適用しないとされていますから，永久とは断言できませんが，とりあえずは無理と思ってください。

金子　また，なぜ，適用もされない規定が会社計算規則に設けられたのでしょうか。

有田　国際会計基準では，株式交付費用を株主資本の控除項目としています。コンバージェンス（会計基準の統一化）の観点から，当初は日本の会計基準でも同様の処理とする方向で検討されていました。

金子　それを見越して，会社計算規則に規定したわけですね。

有田　はい。しかし，当面は経費として処理すると日本の会計基準では規定しました。このような経緯の下，日本の会計基準が改正されたときに備えて会社計算規則第14条第1項第3号は規定されているとのことです。設立費用を株主資本から控除するとの規定（計算規則43条1項3号）も同様に当面の間は適用されません。

金子　日本の会計基準で資本控除が認められると見込んで会社計算規則に規定を置いたが，見込み違いだったわけですね。たとえば，10万円の出資で，控除する費用が12万円となったので，最初から資本金ゼロ円の会社を設立しようというのは無理なわけですね。

有田　資本金ゼロ円会社の設立は，事業の現物出資や組織再編を別にすると，ごく普通の設立では無理ですね。

9 有価証券通知書は原則不要

金子 金融商品取引法の施行で変わった有価証券通知書・有価証券届出書の提出についても触れておきましょう。

有田 従前は1億円以上の増資や1億円以上の純資産が動く吸収合併等には，財務局に有価証券通知書等を提出する必要がありました。現状での提出の要否は，次のようになっています。

【有価証券通知書等の提出の要否】

区　分	発行価額の総額		
	1千万円以下	1千万円超1億円未満	1億円以上
募　集	不要	有価証券通知書	有価証券届出書
私　募	不要	不要	不要

金子 「募集」と「私募」とは何ですか。

有田 新株を発行する場合や旧株の売出しを行うにあたり，50名以上に対して株式の取得の申込みの勧誘を行うことを「募集」といいます。「募集」に該当しないケースを「私募」といいます。

金子 組織再編については，どうですか。

有田 金融商品取引法では，「募集」の概念を変更して一定の組織再編が含まれることとし，その上で「私募」に該当する場合には，有価証券通知書・有価証券届出書の提出を不要としています。対象者が少ない中小企業の組織再編や第三者割当増資においては，従来と相違し，有価証券通知書の提出は原則として不要になりました。ただし，会社分割で，分割対価の受け手（分割会社）が開示会社（主に上場会社）で，株主が50名以上，金1億円以上の純資産が移動する場合には，有価証券届出書の提出が必要となりましたので（金融商品取引法は難解のため，ネット検索でご確認ください），株式対価の会社分割にはご注意ください。

3　自己株式の会計・税務

1　自己株式取得の理由

金子　税理士さんの目からみて自己株式を中小企業が取得するのは，どんな場合でしょうか。

有田　相続税の納税資金対策や外部株主対策（経営に関与していない親戚株主の排除）のために実行することが多いようです。

金子　相続税の納税資金対策とは，どういうことですか。

有田　経営成績のよい中小企業においては，相続した非上場株式に多額の相続税がかかります。しかし，これを現金化することはむずかしく納税資金が作れないという問題があります。そこで，相続した株式を発行会社に買い取らせて納税資金を作るということが考えられます。

金子　日本の中小企業は，会社にはカネがあるが，個人ではカネがないという例が多いですよね。

有田　はい。ですから，相続人たる個人株主が株式を会社に譲渡して相続税納付資金を作ろうとするわけですが，そうすると，原則として，その売却額と自己株式の取得額の差額の一部を配当所得，残りを株式譲渡所得とされ，所得税がかかります。

金子　配当所得にもなると，税金も大きいですね。

有田　株式譲渡所得の税率は20％なのですが，配当所得の税率は最高で55％にもなり，相続税の納税資金を作るために株式を譲渡することで，半分が所得税にとられてしまいます。

金子　それは気の毒です。

有田　はい。そのため，相続した非上場株式を一定期間内に発行法人に譲渡した場合には，自己株式の売却額と自己株式の取得額の差額の全

部を株式譲渡所得とする特例が設けられています。

　このような税制の後押しもあって，中小企業では相続税の資金対策として自己株式の取得が行われることがあります。

　金子　もう1つの外部株主対策としての自己株式取得とは何ですか。

　有田　創業50年，100年という老舗の会社になりますと，株式が分散していて，全く経営に関与していない親戚株主などが存在していたりします。このような外部株主が発行会社に株式を高額で買い取れなどといってくるケースが，実は結構あります。買い取る義務はありませんので，経営者は無視しておくこともできるのですが，無視すれば，ちゃんと株主総会を開けだのなんだかんだと注文を付けてきます。

　金子　チャンスじゃないですか。株式を引き取ればよいのですから。

　有田　はい。このような要求を好機と捉えて，交渉により適正な価額で外部株主から株式を買い取り，株式の集中を図ることがあります。経営者に買取資金がない場合，発行会社が自己株式として取得することも少なくありません。

　金子　なるほど。

　われわれ法務人間の立場からは，親戚株主よりも，役員株主や幹部従業員株主ですね。彼らが退職の際に株式を引き取ってほしいというケースです。譲渡制限株式ですから，配当でもない限り，持っていても何の意味もありません。

2　自己株式取得・消却・処分の税務

　金子　自己株式の取得には，分配可能額という制限がありますが（会社法461条），それは存在するとして，自己株式の取得は一種の資本の払戻しのようなものですから，発行会社には税金はかかりませんね。

　有田　かかりません。

　金子　株主側には譲渡益課税ですか。

　有田　配当課税と株式譲渡損益課税が行われます。次のようなイメージです。

　金子　説明してください。

　有田　自己株式の取引とはいえ，株主にとっては，株式そのものの譲渡です。上場株式を市場で譲渡する場合には，株式譲渡損益課税しか行われていません。これが株式譲渡の通常の取扱いです。しかし，発行会社に自己株式を譲渡する場合には，配当と株式譲渡が混合した取引として扱われ，配当課税と株式譲渡損益課税が行われます。

　配当課税は，個人株主にとっては不利に，法人株主にとっては有利に働きます。具体的には，個人株主の場合，株式譲渡所得の税率は20％なのに対し，配当所得の税率は最高で55％にもなります。

　一方，法人株主の場合，受取配当金であれ株式譲渡損益であれ税率に違いはないのですが，受取配当金の一部を所得としなくてよいという制度があるので有利に働きます。

　金子　むずかしいのですね。

　残った自己株式の消却と処分の税金問題はどうですか。

　有田　自己株式の消却は，発行会社にも株主にも税金はかかりません。自己株式の処分は，説明済みの募集株式の発行（増資）と同様です。

4 減資・剰余金の配当と会計・税務

1 減資自体では税金はかからない

金子 会社法では，減資とは資本金の額の減少のみを意味しますから，税金問題は発生しないということでよろしいですね。

有田 はい。会社の純資産の部の内部で振り替えるだけですから，税金問題は発生しません。

減資は，外形標準課税の適用の回避のため，欠損てん補のため，自己株式取得資金の捻出のためなどに行われますが，いずれにあっても，減資した分が会社の内部に残る限り，税金問題は生じません。

2 株主と関係すると税金問題となる

金子 減資して生じたその他資本剰余金を株主に配当したり，自己株式購入資金に利用すると税金問題が発生してくるということですね。

有田 さすがに，飲み込みが早いですね。そのとおりです。

減資に伴って，その他利益剰余金を配当すれば，通常の利益配当と同様に，発行会社には税金が発生しませんが，株主には配当課税が行われます。これは当然ですね。

金子 減資した分はその他資本剰余金になりますが，その他資本剰余金の配当とその他利益剰余金の配当を同時に行った場合にも，同様ですか。

有田 課税という意味では同じですが，その配当額の全額について，その他資本剰余金の配当が行われたものとして税金を計算します。

なお，令和3年の最高裁判決を受け，取扱いが複雑になりました。いつでも配当決議ができる会社では，その他資本剰余金とその他利益剰余

金の同時配当（混合配当）は避けるのが無難です。

　金子　その他資本剰余金の配当が行われても，それは資本の払戻しのように思いますが，それでも株主に税金問題が生じるのですか。

　有田　自己株式を取得した場合に株主に税金問題が生じるのと同じです。

　その他資本剰余金の配当の株主の課税関係は，次の図のイメージになります。自己株式を取得した際の先ほどのイメージ図とそっくりですが，税務上の配当額と株式売却額とに分ける基準が株数割合か純資産割合かという相違があります。

　金子　旧商法での株式の有償消却目的の減資は，会社法では，「無償減資＋自己株式取得＋その消却」ですから，税務上も通常の自己株式取得及び自己株式消却の取扱いと同様に考えればよいですか。

　有田　そのとおりです。

3　分割型会社分割による株式配当と税金

　金子　分割型会社分割で承継会社あるいは新設会社の株式を配当した場合の課税関係はどうですか。

　有田　現物配当（金銭以外の財産の配当）を行うと，配当した会社に譲渡損益課税が行われるのが原則ですが，分割型会社分割に伴う株式の配当では，分割会社に譲渡損益課税は行われません。

⑤ 組織再編の会計・税務

1 払込資本と自己株式交付

金子 組織再編の代表的用語について，有田流の解説をお願いします。まず，株主資本と払込資本からどうぞ。

有田 払込資本という用語は，会社計算規則の改正で消えてしまいましたが，重要な概念ですので，説明しておきましょう。その前に，**株主資本とは，資本金・資本剰余金・利益剰余金のこと**です。

金子 会社計算規則第2条第3項第33号にも，「株主資本等」の定義が置かれ，「株式会社及び持分会社の資本金，資本剰余金及び利益剰余金をいう」とされています。株式会社だけでいえば，「等」をとって，有田さんのいうとおりですね。

有田 これに対して，**払込資本とは，資本金・資本剰余金のこと**です。

金子 株主が払い込んだものだから，出資金で構成される資本勘定ですね。何のことはない，「**株主資本＝払込資本＋利益剰余金**」ということで，株主資本を資本勘定と利益勘定に分けただけじゃないですか。

有田 数学的思考の金子さんにかかると，かないませんね。要するに，この区別は，新株式の交付と自己株式の交付の差を知るために重要だということを説明したいのです。

金子 説明してください。

有田 では，共通支配下関係で兄弟会社に該当する甲が乙を吸収合併するにあたり，乙の簿価株主資本が1000万円で，この合併対価の全部が甲の新株式だとすると，資本金等に計上できる限度額を意味する株主資本等変動額はいくらですか。

金子 存続会社で，この合併で減少するものがなければ純受入れ額が

1000万円ですから，株主資本等変動額も1000万円です。

　有田　甲の株主資本が1000万円増加するわけですね。この株主資本等変動額は同時に甲の新株主である乙の株主が払い込んだ払込資本と一致します。

　では，乙の簿価株主資本が△1000万円だったら，どうなりますか。

　金子　△1000万円が株主資本等変動額だが，その他利益剰余金の減額になるので（計算規則35条2項ただし書），払込資本としては，0円だということでしょうか。

　有田　そのとおりです。新株を発行したのに，出資額がマイナスでは，払込資本が増えることはありません。

　金子　「新株を発行したのに」ということは，自己株式を対価として交付したら，払込資本が増えるのですか。

　有田　乙からの受入れ額が1000万円で，対価自己株式が1200万円のときは，自己株式処分差損と同様に，その他資本剰余金が200万円減少します（同時に△1200万円と計上されていた自己株式が0円になるため，株主資本自体は1000万円増加する）。

　金子　自己株式を対価とした場合は，払込資本が減少することもあり，新株式を対価とした場合とは違うということですね。

　有田　もう1つ重要なことは，**自己株式を対価とした場合の払込資本（その他資本剰余金）の減少額は，自己株式の簿価を限度とする**ということです。

　金子　乙からの受入れ額が△1000万円で，対価自己株式が1200万円のときは，合計でその他資本剰余金が2200万円減少するわけではなく，その他資本剰余金の減少は1200万円が限度で，その余りの1000万円はその他利益剰余金の減少だということでしょうか。

　有田　そのとおりです。改正前の会社計算規則では，乙からの正味受

入れ額が負のときは，その分はその他利益剰余金の減額で，「０円－対価自己株式簿価」がその他資本剰余金の減少額だと明記されていましたが，これで，現行の会社計算規則第35条第２項ただし書に「ただし，株主資本等変動額が零未満の場合には，当該株主資本等変動額のうち，対価自己株式の処分により生ずる差損の額をその他資本剰余金の減少額とし，その余の額をその他利益剰余金の減少額とし，資本金，資本準備金及び利益準備金の額は変動しないものとする」とあることの意味がご理解いただけると思います。

2　株主資本等変動額と株主資本額

　金子　ところで，計算の勉強の初期は，株主資本等変動額と簿価株主資本額の区別で苦労しますので，一言お願いします。

　有田　吸収合併でいえば，財産受入れの対象となる消滅会社の株主資本を意識した用語が簿価株主資本額であって，それを受け入れた結果，存続会社の株主資本がどう増減するかという面からの用語が株主資本等変動額です。したがって，株主資本等変動額の「株主資本」は，財産の受入れ側の株主資本のことで，簿価株主資本額の「株主資本」は，財産の拠出側の株主資本のことだと思ってください。

3　負の払込資本は資本勘定としては０円評価である

　金子　以上のご説明は，目からウロコでした。現行の会社計算規則第35条第２項ただし書の「株主資本等変動額が零未満の場合には，当該株主資本等変動額のうち，対価自己株式の処分により生ずる差損の額をその他資本剰余金の減少額とし，その余の額をその他利益剰余金の減少額とし」は実に紛らわしい表現です。株主資本等変動額が負になるのは，①払込資本（乙の簿価株主資本）が1000万円で自己株式対価額が1200万

円だった場合など，前者が後者よりも小さい場合と，②前者が△1000万円など負の場合の2つあるのに，前者の払込資本との差額△200万円はその他資本剰余金の減額だが，後者の場合の差額△2200万円中の自己株式対価分△1200万円がその他資本剰余金の減額で，その余りの△1000万円がその他利益剰余金から減額されるなどと読める人は有田先生のような旧会社計算規則にも通じたプロの方だけです。普通は，②の△2200万円ですら，募集株式の発行の場合と同様に，対価自己株式の処分により生ずる差損の額ではないかと思ってしまいます。

　有田　金子さんが著書（『「株式交付」活用の手引き』）で，盛んにぼやいていた部分ですね。会社計算規則第37条第2項，第39条第3項，第39条の2第3項にも同一内容が規定されています。しかし，金子さんのことだから，いまは，分かりやすい解説に気づいたのではないですか。

　金子　気づきました。組織再編の規律では，**資本勘定も払込資本額も株式評価額も0円を最低額にしている**ということでした。

　組織再編ではありませんが，親会社Aが簿価債務超過事業である△1000万円の出資で子会社Bを新設したとき，Bでは，資本金0円・その他利益剰余金△1000万円と計上し，資本金に負を認めていません。親会社Aの貸借対照表でB株式の計上については，私は長い間，負債に特別勘定として「B株式1000万円」とするのだと思い込んでいましたが，株式評価にマイナスはあり得ず，B株式も最低額は0円に変わりがありません。よって，正しくは，資産にB株式0円，負債に調整項目として特別勘定1000万円であることに気づきました。

　つまり，組織再編で自己株式が対価とされた共通支配下取引で負の簿価株主資本1000万円を受け入れる際は，「資本勘定0円，利益勘定△1000万円」として受け入れるのであり，自己株式対価分も0円評価され，対価自己株主簿価分が，その他資本剰余金の減少になるということです。

4 「取得」と「共通支配下の取引」

金子 続いて,「取得」や「共通支配下の取引」等について,有田流解説です。

有田 正確ではないのですが,組織再編により企業(事業)を受け入れる会社側の会計処理のパターン(分類)と思ってください。「取得」「共同支配企業の形成」「共通支配下の取引」の3パターンがあります。

金子 そういう用語は,会計基準に定められているわけですね。

有田 はい。組織再編により企業(事業)を受け入れる会社側の会計処理は,企業結合会計基準に定められています。

次の図をみてください。

[図:組織再編の会計処理]

	合併	会社分割	株式交換	株式移転
取得	①	②	③	④
共同支配企業の形成	⑨	⑩	⑪	⑫
共通支配下の取引	⑬	⑭	⑮	⑯

有田 図は2つのことを意味しています。ひとつは,各組織再編ごとに会計処理が3通りあるということです。もうひとつは,「取得」「共同支配企業の形成」「共通支配下の取引」の3パターンは,1つの組織再編に特有のものではないということです。

たとえば,「取得」に該当すれば,合併であれ,会社分割であれ,時価で企業(事業)が売買されたものとして会計処理されます。「共通支配下の取引」に該当すれば,合併であれ,会社分割であれ,帳簿価額で企業(事業)が売買されたものとして会計処理されます。

金子 取得とは,支配下に置くことでしたよね。

有田 ここで組織再編とは何かということを「合併」を例に考えてみ

たいと思います。

　消滅会社にとって合併とは，事業を売却し，対価として現金や株式を交付されることです。存続会社にとって合併とは，事業を購入し，対価として現金や株式を支払うことです。株式で支払った場合には株主資本をどうするかという問題がおまけで付いてきます。

　増資も同じようにみることができます。発行会社にとって増資とは，現金などの財産を購入し（財産の払込みを受け），対価として株式を支払う行為です。そのため，増資にも株主資本をどうするかという問題がおまけで付いてきます。

　金子　株主資本のルールはややこしいので，おまけと呼ぶのはふさわしくないかもしれませんけど，そういうことですよね。

　有田　そして，会計基準が企業（事業）を購入することと，りんご（物）を購入することは同じだと考えているという点も大事なポイントです。われわれが八百屋でりんごを買う時の価格は，八百屋の仕入額（八百屋におけるりんごの帳簿価額）ではなく，りんごの市場価額つまり時価です。そこで，利害が対立する第三者間で物や企業（事業）が売買されるときは時価で行われるとして会計処理されます。

　金子　会計基準は八百屋の学問でしたか。

　有田　われわれが関与することの多い企業グループ内での組織再編は「共通支配下の取引」に該当し，企業グループ外（第三者）との組織再編の多くは「取得」に該当すると第9話までに説明しました。

　もうお分かりだと思いますが，「取得」は「第三者との組織再編＝第三者との企業（事業）の売買」ですから，時価で企業（事業）が売買されたものとして会計処理します。

　金子　八百屋の経営者が自分の店でりんごを買う場合は，時価では買いませんよね。

有田　もちろんです。

　一方，企業グループ内の組織再編は，支配株主や親会社が自由に行うことができますので，企業（事業）を時価で譲渡したものとして処理すれば，会社の粉飾（利益操作）を許してしまうことになります。したがって，「共通支配下の取引」では簿価で企業（事業）が売買されたものとして会計処理し，企業（事業）の売買損益を計上させないのです。

　金子　なるほど。会社計算規則も会計基準も同じですね。

　有田　基本的内容に差異はありません。差異があっても困ります。

5　「パーチェス法」とは

　金子　取得は，会計処理における企業結合の分類の１つであって，その会計処理の方法がパーチェス法ですね。

　有田　はい。企業結合会計基準の用語です。企業結合会計基準は，組織再編により企業（事業）を受け入れる会社側の会計処理を規定しています。

　企業（事業）を受け入れる会社側の会計処理は，①企業（事業）の資産・負債の計上額をいくらとするか（のれんの処理もここに含まれます），②株主資本をどのように増減させるかの２つに分けられます。

　「取得」であれば，①資産・負債の計上額を時価とし，②交付した株式の時価総額を払込資本額と考えて株主資本を増減させます。そして，上記①②の処理を一括りにしてパーチェス法と呼んでいます。「『取得』はパーチェス法で処理します」というような用法です。

6　適格合併と非適格合併

　金子　組織再編における税務の話ですが，適格組織再編を合併に代表させて適格合併と非適格合併について説明してください。税理士さんが

よく使いますので。

　有田　それは法人税法の用語です。一定の要件（「適格要件」といいます）を満たす合併を「適格合併」，適格要件を満たさない合併を「非適格合併」といいます。

　税法も会計と同じように，**組織再編＝企業（事業）の売買＝物の売買**と考えます。次の図のように，4つの組織再編すべてに影響します。

[図：組織再編の税務処理]

	合併	会社分割	株式交換	株式移転
適格	①	②	③	④
非適格	⑤	⑥	⑦	⑧

　有田　「適格」に該当すると判断されれば，その組織再編が合併であれ，会社分割であれ，簿価で企業（事業）が売買されたものとして税務処理されます。「非適格」に該当すると判断されれば，時価で企業（事業）が売買されたものとして税務処理されます。

　簿価で売買されるときは企業（事業）に係る財産の譲渡損益は認識されず，時価で売買されるときは譲渡損益が認識されます。つまり，「適格合併」は税金のかからない合併であり，「非適格合併」は税金のかかる合併ということになります。

　適格要件を細かく知っていただく必要はありませんが，企業（事業）を受け入れる会社の株式以外の資産が対価として交付される組織再編は，基本的に非適格（税金がかかる）になるということを覚えておいていただければと思います。

7　無対価と適格組織再編

　金子　ただいま，「株式以外の資産が対価として交付される組織再編

は，基本的に非適格」との話でしたが，これを「対価の全部が存続会社株式の場合」と考えると，無対価は非適格となります。そう思い込んでいる税理士さんも少なくないようですが，いかがですか。

有田　確かに，適格要件の１つに「存続会社株式以外の資産が対価として交付されない」というものがあります。この要件を文字どおりに解釈すれば，無対価は当該要件を満たしていることが分かります。この要件は，存続会社株式が交付されないと適格要件を満たさないという意味ではありませんので，「無対価＝非適格」という認識は間違いです。

金子　安心しました。確かに「株式以外が交付されない」という意味は「株式の交付を要する」を含みませんものね。

有田　実は，この話はもう少し複雑です。消滅会社の株主には，合併に際して，配当課税と株式譲渡損益課税が行われるのが原則ですが，適格要件を満たす場合には例外的に課税されないこととされています。しかし，具体的には次のように規定されています。

［配当課税］
　　→適格合併なら課税されない。
　　→非適格合併なら課税される。
［株式譲渡損益課税］
　　→存続会社株式のみが交付されれば課税されない（つまり，非適格合併でもこの要件を満たせば，課税されない）。
　　→他の場合には課税される。

この規定に従うと，無対価合併では，消滅会社の株主には株式譲渡損益課税が行われるのではないかと懸念が生じます。

しかし，存続会社株式の交付が省略されたと認められる一定の無対価合併については，株式譲渡損益が行われないよう新たに規定が追加されました。

第11話

付録(債権者保護公告の必要知識)

1 官報公告と催告の基本知識

有田　減資や吸収合併手続のベテランである金子さんが手続で最も注意している点は何ですか。

金子　官報公告です。議事録や合併契約書にちょっとした誤記などがあっても当事者の間で調整することができますが，外部に委託した官報公告に誤記や期間計算ミスでもあると対応がたいへんです。

有田　期間計算ミスなどもあるのですか。

金子　意外に多く上場会社でもありますよ。4月1日が減資や合併の効力発生日なのに，2月末日に公告したところ，3月31日が日曜日だったため，債権者異議申述手続の満了日が1日延びてしまったなどです。旧商法時代は合併の効力発生が登記であったため，4月2日に登記申請すれば済んだのですが，会社法のもとでは，すべての手続がやり直しになります。必ずカレンダーで期間をチェックすることです。

有田　誤記しないための対策は何ですか。

金子　誤記のほとんどが会社名・会社の住所・代表取締役の氏名に集中し，公告内容ではないため，繰り返しのチェックだけでなく，官報屋さんに公告を依頼する際に登記記録も一緒に示すことです。つまり，官報屋さんにもチェックしてもらいます。

有田　それでも誤記があった場合はどうするのですか。

金子　登記所次第です。頑なな登記官は小さな誤記でも登記の受理を拒否してきますが，受理されてきた実例等を調べたところ，住所・会社名・代表取締役名の3つを総合的にみて会社の同一性が認められれば受理されていましたので，それを資料で示して説明し，理解を得るしかありません。

　有田　訂正公告では，その公告後効力発生日までに１か月以上の期間が空いていないと無意味ですから，しないわけですね。

　金子　訂正公告に意味があったのは登記が効力要件だった旧商法時代の話です。効力発生日主義の会社法では期間不足になり，大きなミスだったら，効力発生日の延期しかありません。

　有田　官報の場合，よく枠取りが必要だから，早期に申し込めといわれていますが，いつまでに申し込まないといけないのですか。

　金子　文章だけの公告文だと官報の本紙に掲載され，依頼してから営業日で最短５日後に掲載されますが，決算公告をしていなかったため公告文の横に貸借対照表を示す場合は，官報の号外に掲載されるため，依頼してから営業日で最短11日後です。枠取りは不要です。ちなみに，解散公告は文章だけなのに号外掲載です。

　有田　決算公告していないと債権者への個別催告でも，催告文だけでなく，確定貸借対照表を示すのですか。

　金子　原則としてそのとおりですが，定款に定める公告方法が官報であれば，損益計算書まで公告しないといけない大会社を除き，貸借対照表を同時掲載した官報公告によって決算公告をしたことになりますから，官報公告後に催告する場合は，官報の頁数表記で大丈夫です。

　有田　官報公告と催告は同じ日にしなくても大丈夫なのですか。

　金子　問題ありません。公告で１か月以上，催告で１か月以上必要だというだけで，開始の時期までは不問です。吸収合併等の事前開示の規定でも，「公告の日又は催告の日のいずれか早い日」となっています（会社法794条２項２号ほか）。

　有田　開始時期を問わないとすると，半年先の減資や合併につき，半年前の現時点で公告及び催告しても，効力発生日の１か月半前あたりに公告及び催告してもどちらでもよいのですか。

　金子　そのとおりです。

　有田　催告先ですが，法律上は債権者に限定がなく全債権者に催告することになっていますが，実務ではどうですか。

　金子　各社各様です。実務上は，即座に弁済することのできる小口債権者には催告を省略する例が多いといえます。もっとも，小口とはいくらからだというのも各社各様です。

　有田　債権者は金銭債権者に限らないのですよね。

　金子　そうなんです。顧客から，債権者に敷金・保証金の返還請求権を持つ賃借人を含めるのかと聞かれても私も困ります。

　有田　そういう場合は，どう応えるのですが。

　金子　あいさつ文やお知らせ文方式にしたらどうかと提案しています。「このたび令和○年○月○日付で○○をすることにいたしましたのでお知らせいたします。なお，当社に債権を有する方で，この○○にご異議がございましたら，令和○年○月○日までにお申し出ください」とすれば，穏やかな内容となり，賃借人もびっくりしないでしょう。

　それでも催告漏れはしたくないという場合には，公告方法を日刊新聞か電子公告に変更してもらい，催告を省略するように助言しています。

　有田　そのせいか新聞公告に変更し，減資や合併の登記が終わったあとに官報に戻す会社が多いわけですね。

　金子　はい。よくやっています。

　有田　債権者が親会社のみとか役員だけという場合は催告する必要はないと思いますが，いかがですか。

　金子　そういうのは催告する側の債権者ですから，私は催告不要だと答えています。減資や合併を決定した人に催告する意味もありません。

2　日刊新聞紙公告と電子公告

　有田　定款で定める公告方法を日刊新聞紙に変更し，その公告文の横に確定貸借対照表を示せば，やはり決算公告したことになり，官報公告をその日以後にすれば，官報では貸借対照表はいついつの日刊新聞紙の何面に掲載済みだとの記載でよいことは官報の場合と同じですか。

　金子　同じです。面白いことに，新聞公告の場合はいつ発売の何面に掲載されると事前に知らせてくれるところもあり，新聞公告と官報公告が同一日の事例も最近増えています。新聞は午前2時や3時にも出回りますから，官報が発売される午前8時半より前なので，登記でも受け付けられています。

　有田　公告方法の変更は定款変更で効力が発生し登記までは不要ですから，公告の日よりもあとに登記してもよいのですか。

　金子　法律効果の点ではおっしゃるとおりですが，登記実務では公告方法変更の登記申請日が公告日よりも前でないと認めません。

　有田　中小企業でも公告方法を電子公告にしているところもありますが，真面目に債権者異議申述公告を電子公告でしていますか。

　金子　電子公告による決算公告は貸借対照表の注記まで含む全文なのに要旨しか公告していない例が多いため，催告にする会社のほうが多い実情です。また，電子公告の場合は調査機関に有償で調査を依頼することを知らない会社も多く，それなら催告にすると答えるケースも少なくありません。

　有田　たかが公告，されど公告で，各社各様であることがよく分かりました。

《著者略歴》

司法書士　金子登志雄（かねこ・としお）

　群馬県生まれ。慶応大（法）卒。信託銀行出身。昭和62年，公認会計士集団と共に日本初のM&A専門会社を設立し，M&A・企業再編の業務に参入。平成3年，アクモス㈱創業（取締役就任）。平成8年，アクモスを株式公開。同年，司法書士登録。平成11年，日本初の株式交換をアクモスにて実行。その他，多数のM&A，合併，会社分割，株式交換等の手続に関与。平成14年，実戦的な企業法務研究集団・ESG法務研究会設立，代表就任。著書には，商業登記全書第7巻『組織再編の手続（第3版）』，『親子兄弟会社の組織再編の実務（第3版）』（いずれも令和4年，中央経済社）など多数。中央経済社刊『「会社法」法令集』のミニ解説も担当。

（著者及びESG法務研究会連絡先　http://www.esg-hp.com/）

公認会計士・税理士　有田　賢臣（ありた・まさおみ）

　神奈川県生まれ。明治大（経営）卒。平成7年，朝日監査法人入社。大手上場企業に対する連結決算システム導入コンサルティングに携わる。平成11年公認会計士登録。平成12年茂腹公認会計士事務所入所。税務申告ほか，企業組織再編成の計画立案等に従事。平成20年税理士登録。共著書は，『目からウロコ！これが計算規則だ　株主資本だ』（平成19年，中央経済社），『事例で学ぶ会社の計算実務』（平成30年，中央経済社），『会社合併実務必携（第4版）』（令和1年，法令出版），『会社分割実務必携（第2版）』（令和3年，法令出版），『株式交換・株式移転等実務必携（第2版）』（令和3年，法令出版），『よくわかる自己株式の実務処理Q&A（第5版）』（令和3年，中央経済社）など。

（ホームページ　https://seesaawiki.jp/w/aritax/）

目からウロコ！
これが増減資・組織再編の計算だ！　（新訂版）

2008年7月1日	第1版第1刷発行
2009年2月5日	第1版第3刷発行
2009年9月25日	第2版第1刷発行
2011年2月15日	第2版第4刷発行
2024年5月25日	新訂版第1刷発行
2024年8月15日	新訂版第3刷発行

著　者　　金　子　登　志　雄
　　　　　有　田　賢　臣
発行者　　山　本　　　継
発行所　　㈱中央経済社
発売元　　㈱中央経済グループ
　　　　　パブリッシング

〒101-0051　東京都千代田区神田神保町1-35
電話　03（3293）3371（編集代表）
　　　03（3293）3381（営業代表）
https://www.chuokeizai.co.jp
印　刷／東光整版印刷㈱
製　本／㈲井上製本所

©2024
Printed in Japan